ARMAND SILVESTRE

HISTOIRES ABRACADABRANTES

Illustrations par CH. CLÉRICE

PARIS
A LA LIBRAIRIE ILLUSTRÉE
8, RUE SAINT-JOSEPH, 8

ÉMILE COLIN — IMP. DE LAGNY

HISTOIRES
ABRACADABRANTES

ÉMILE COLIN — IMPRIMERIE DE LAGNY

ARMAND SILVESTRE

Histoires abracadabrantes

PARIS
A LA LIBRAIRIE ILLUSTRÉE
8, RUE SAINT-JOSEPH, 8

LA VEILLEUSE

LA VEILLEUSE

I

> J'ai plus de souvenirs que si j'avais mille ans,

dit un vers exquis de Charles Baudelaire, et que volontiers je m'applique, me remémorant avec de rares joies et des tristesses infinies mes amours passées. Ce sentiment est, je crois, particulier à ceux qui ont vécu à Paris, dans la tentation sans cesse renouvelée des tendresses quelquefois constantes, jamais fidèles. C'est mon cas et, pour moi, il s'est aggravé de l'incurable bohème qui était au fond de ma nature. Je m'en aperçois à ce simple fait qu'il n'est pas de quartier si lointain où je ne retrouve quelque maison où j'aie vécu au moins quelque temps. C'est ce qui me rend toujours intéressante une promenade sur l'une ou l'autre rive de la Seine. Tout à coup je m'arrête et un attendrissement me vient d'une porte souvent franchie autrefois, ou d'une fenêtre où l'on s'est jadis penchés à deux dans un encadrement printanier de capucines. Vingt années de ma vie au moins n'ont été qu'un déménagement entre Montmartre et Montrouge, entre la Bastille et l'Étoile, entre La Chapelle et Passy. Oui, La Chapelle! Je vous prie de croire que l'*Assommoir* m'a intéressé plus que personne. Car j'ai eu là-bas ma Virginie, Paul innocent que j'étais! Et une belle fille, morbleu! J'oubliais Belleville, Belleville tant calomnié, et qui est comme un grand jardin suspendu au-dessus de Paris, où se promènent de petits rentiers en redingote marron et ressemblant à des hannetons, plus l'ombre vénérée de mon maître Paul de Kock. C'était, je vous le jure, le plus simple du monde. Je n'ai jamais pu dire :

Rome n'est plus à Rome; elle est toute où je suis.

Mais je puis dire : Paris a été tout où j'avais mes bonnes amies. J'étais un omnibus vivant et donnant volontiers des correspondances. Comme j'étais né essentiellement polygame, il m'arrivait d'avoir deux connaissances en même temps, demeurant l'une au Jardin des Plantes et l'autre aux Ternes.

Cela compliquait beaucoup mon existence et explique pourquoi je n'ai sérieusement commencé à travailler que vers la quarantaine. Il ne faut pas m'en vouloir, mais vraiment jusque-là je n'avais pas le temps. Je n'avais pas de gîte personnel, mais simplement des domiciles. C'était fou et c'était charmant. Et puis, était-ce si fou que cela? Le travail ne doit-il pas tout simplement être, chez l'homme, le repos de l'amour, quelque chose comme les entr'actes de plus en plus longs d'une pièce aux actes de plus en plus courts? Ce serait une bêtise absolue que de passer, à barbouiller du papier ou à caresser des rimes, un temps si doux à passer, dans un bon lit, avec une jolie femme dont on est sincèrement épris. Les jeunes gens qui la commettent me font une réelle pitié. Un bon coup de pied dans votre écritoire, compère, et allez-moi courir le guilledou, jusqu'à ce que vous ayez les lèvres vides et pleines d'illusions, comme le roi David, dans son psaume, et les jambes flageolantes comme des roseaux sous la brise. Vous acquerrez ainsi des souvenirs pour les heures mûres, qui lentes et sanglantes comme des mûres, pendront à la haie où s'abritera votre vieillesse. Vous cueillerez, un à un, ces fruits faits de la chair même de votre cœur et vous en ferez la savoureuse consolation de votre automne. O chères maisons où j'ai aimé, quelques-unes d'entre vous sont tombées déjà sous la pioche impie des démolisseurs, mais je ne revois pas sans émotion votre place et, comme les châteaux des féeries, pauvres mansardes, vous vous dressez, imaginaires et charmantes, devant moi. Voilà pourquoi, aux heures matinales surtout, quand je ne fais pas de vers à la campagne, j'aime les courses lointaines à travers Paris qui me sont comme d'inconscients pèlerinages vers mes plus lointains et mes plus fidèles souvenirs.

II

Hier c'était l'île Saint-Louis que je traversais. Encore un endroit charmant que les niais des boulevards méprisent. Il y a là de beaux et mélancoliques hôtels pleins d'images poudrées, et, longtemps, c'est tout près de là que battait, au temps des héroïsmes municipaux (temps lointains) le cœur même de Paris. Ah! mes pieds se sentirent comme plus lourds en passant devant la demeure de Zélie. Les femmes s'appelaient encore Zélie, il y a vingt ans, dans l'île Saint-Louis et au Marais. Il y a là encore de petits commerçants qui mettent longtemps à faire fortune, témoin le boucher qui était à notre porte, qui y est encore et que j'ai reconnu sous ses cheveux presque blancs. Il vendait de mauvaises côtelettes, mais nous avions si bon appétit! Zélie faisait le marché elle-même, et j'ai envie de suivre toutes les jolies filles qui passent tête nue avec un petit panier sous le bras. Si l'une d'elles allait franchir notre ancien seuil! Je serais capable de la suivre, croyant que c'est encore Zélie.

De même que tout quartier a sa maison où j'ai vécu

maritalement avec quelqu'un, — car il ne me faut pas parler des simples aventures ébauchées sur un coussin; j'ai toujours eu l'esprit trop sérieux pour les aimer — toute maison a son histoire d'amour particulière, sa note spéciale dans le bilan de mes faux ménages. Cette aventure consiste généralement dans la façon dont j'ai été trompé. Là c'était pour un jeune professeur, ici pour un officier, — souvent pour un officier — plus loin pour un ébéniste, — rarement pour un banquier. J'ai été inconsciemment d'un éclectisme professionnel infini en matière de cocuage. Je crois qu'il existe peu de corps de métiers qui ne m'aient fait, à ce point de vue, des mistoufles. Il est juste de dire qu'il n'est pas beaucoup de commerces ou d'industries que je n'aie, de mon côté, déshonorés. C'est un prêté pour un rendu, et je n'ai à faire, aux corporations, aucun reproche. Je puis passer le front haut devant la statue d'Étienne Marcel.

Dans mon existence avec Zélie, le fait culminant, caractéristique et curieux fut certainement l'histoire de la veilleuse. Une toute petite veilleuse que je vois encore; pas même une veilleuse entière, un godet avec une petite mèche courant sur un minuscule lac d'huile. Elle l'allumait tous les soirs, en se couchant, dans la petite pièce qui précédait notre chambre et qui donnait sur l'escalier, afin que je trouvasse de la lumière en rentrant.

Donc Zélie et la veilleuse habitaient la rue Saint-Louis-en-l'Ile, et moi aussi, ou à peu près. Car j'avais une liaison à Vincennes, à laquelle je consacrais mes soirées, sous prétexte de donner des répétitions de mathématiques à l'institution Jauffret où j'étais devenu, d'élève, professeur après ma sortie de l'École. Solide, ma liaison de Vincennes. Cinq pieds cinq pouces, et une gaillarde! Zélie était plutôt fluette. J'obéissais ainsi à la toute-puissance des contrastes et c'est une seconde innocence. Donc je rentrais régulièrement après minuit, en me hâtant. Zélie dormait toujours et j'avais grand soin de ne pas la réveiller. Je n'avais pas encore trouvé cette admirable formule d'un ami qui, quand, en pareille occurrence, sa femme troublée dans son premier sommeil lui demandait l'heure, répondait invariablement : « Il est la demie. » Zélie avait le sommeil volontiers dur de la jeunesse, et ce n'était pas tout ce qu'elle avait de dur. Aussi quel ravissement, même pour un adultère, de se glisser dans la moiteur des draps qu'elle avait parfumés de son corps bénéolent et alangui! Qu'on est bête, tout de même! Je me disais que c'était le meilleur moment de la journée. Alors pourquoi passer par Vincennes pour venir le chercher? Les appas de Zélie manquaient d'ampleur, mais ce n'est pas partout un défaut. Et puis il était largement compensé par une admirable chevelure et une grande bonne volonté à aimer. C'était un baiser monté en épingle de marbre que cette femme. Ses caresses avaient comme une délicieuse appréhension de morsure. Ah! oui, c'était bon, cette petite réintégration sournoise dans le dodo déjà plein!

Donc Zélie dormait toujours quand je rentrais et, cependant, le lendemain matin, après les politesses d'usage, elle me disait toujours, à très peu près, l'heure à laquelle j'étais rentré. Je crus d'abord à une trahison de la concierge. Mais comme cette police mystérieuse continua, quand Zélie et la concierge se furent brouillées pour une histoire de chat, — car nous avions un chat — je dus chercher ailleurs quel invisible agent la faisait au profit de ma maîtresse. Bientôt je compris. C'était à la hauteur de l'huile dans le godet, qui me servait de luminaire à la rentrée, que Zélie jugeait de l'heure où je l'avais effectuée. Si l'huile était très basse, il était clair que la mèche avait brûlé longtemps en m'attendant. Je ne sais vraiment pas pourquoi on achète des pendules qui sont coûteuses et laides.

Oui, mais je n'étais pas bête, même en ce temps-là. J'achetai une petite topette d'huile que je cachai dans un coin, et, tous les soirs, avant de me coucher, je vous remontai artificiellement le niveau dans le godet, si bien que la hauteur de la mèche déposait absolument de ma sagesse et de ma modération dans mes sorties sérénales.

III

Et un grand remords naissait en moi. Car, moi aussi, je pouvais juger, dans une certaine mesure, de l'heure à laquelle Zélie s'était couchée, en regardant la hauteur de l'huile, puisqu'elle allumait la veilleuse en se couchant seulement. Si le niveau était bas déjà quand je rentrais, c'est évidemment qu'elle dormait depuis longtemps. Or, je trouvais le niveau de plus en plus bas. C'est donc qu'elle se couchait, la pauvrotte, de plus en plus tôt, sagement, vertueusement, comme une petite pensionnaire, pendant que je courais la pretantaine par delà Saint-Mandé. Ah! canaille d'homme! Ce que j'avais envie de vous bombarder ma maîtresse de Vincennes! Comme si c'était sa faute, à cette grosse andouille! Enfin j'étais bourrelé de repentir. Et j'étais aussi un peu troublé. Pendant que ceci se passait, Zélie avait quelquefois un drôle d'air, en regardant la hauteur de l'huile dans le godet. Elle avait l'air de dire: Ce n'est pas possible!

Ah! j'ai su depuis, et, plus heureux que moi, vous allez le savoir tout de suite. La mâtine, elle aussi, fichait le camp tous les soirs et elle avait trouvé ce truc, analogue au mien, de mettre à peine d'huile dans le godet, en rentrant, pour me faire croire qu'elle était depuis longtemps couchée; si bien qu'après mon opération, et le lendemain matin, elle trouvait plus de liquide dans la veilleuse qu'elle n'en avait mis. Il y avait vraiment de quoi étonner. Mais les femmes ne s'étonnent pas volontiers, et je l'entendis, un jour, dire à son amie Clémence, avec laquelle elle causait ménage et allait quelquefois au marché: — Fais donc comme moi, ma chère. Je prends mon huile à brûler chez M. Crépet. Ça dure infiniment. On dirait presque que plus ça dure, plus il y en a!

Ah! naïve tout ensemble et perfide Zélie! La concierge, qui ne lui avait jamais pardonné la brouille du chat, me conta tout, et pour qui elle sortait tous les soirs, pendant mon absence. Cette fois-là, c'était un lieutenant. La fois d'après, avec Victoire, ce fut un capitaine, puis un commandant avec Augustine. Tout cela en moins de deux ans. Je peux dire que peu d'hommes ont eu dans leur carrière un avancement aussi rapide que moi.

LE BOUQUIN

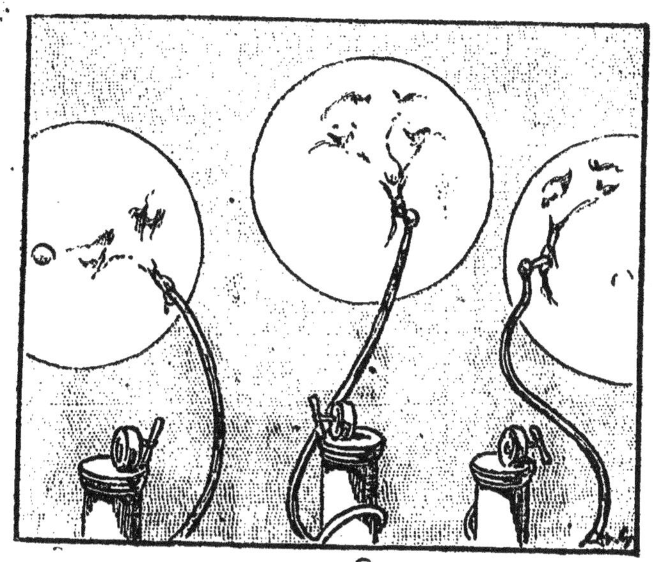

LE BOUQUIN

I

Dans son coquet cabinet de collectionneur ayant beaucoup voyagé, mon vieil ami le commandant Canard-Pétier, ancien officier de marine ayant fait plusieurs fois le tour du monde, humait voluptueusement la fumée d'une longue pipe quand Canoby et moi vînmes lui faire visite. Canoby a aussi violemment exploré les plages lointaines, et, admirablement doué pour les langues, comme il le dit lui-même aux dames, il comprend à peu près tous les idiomes des pays habités. Moi qui, ignorant comme un saumon, aime à m'instruire, j'avais imaginé que, de la rencontre de ces deux érudits, sortirait certainement un entretien utile à mon instruction. D'autant que le commandant Canard-Pétier est un excellent enfant, n'ayant rien de la morgue professionnelle. N'ayant fait qu'une médiocre carrière dans un corps qui compte maintenant des académiciens, il vit retiré dans sa petite maison de Passy, au milieu de bibelots qu'il classe et déclasse avec passion, tout n'étant, autour de lui, que panoplies, crânes exotiques, vêtements sauvages, céramiques primitives et étranges. Il a pour compagnons une famille de chats qui vit familièrement sur ses épaules et sur ses genoux. Il n'est cependant ni amoureux fervent, ni savant austère. Mais il est de mœurs douces et le ronronnement de bêtes heureuses de vivre lui est une musique agréable.

Donc il fumait, dans un chibouk considérable, au long tube que terminait un bouquin d'ambre plus effilé qu'il n'est de mode, mais d'une qualité d'ambre admirable pour un amateur, laiteux, avec des reflets gris, délicieusement parfumé. Et des spirales de fumée bleue s'arrondissant, dans l'air, en aériennes mappemondes, semblaient former un microcosme à l'image du nôtre, où, de planète en planète, voyageait sa rêverie. Une volupté indéfinissable faisait ses yeux et ses lèvres humides et nous eûmes presque un remords, Canoby et moi, de troubler un farniente si délicieux.

— Vive le tabac français, messieurs! nous dit-il

en manière de salut. C'est le premier du monde.

Et la présentation se fit cordiale, courtoise, comme il sied entre gentilshommes n'ayant jamais percé d'isthmes dans les poches de leurs contemporains.

Les chats nous regardaient avec un air méfiant, qu'adoucit bientôt notre mine débonnaire. Le commandant ayant frotté légèrement sur sa manche le bouquin de sa pipe, pour le faire reluire, par un sentiment de coquetterie, la toison de l'angora qui était demeuré sur le bras du fauteuil se hérissa d'un magnifique sillon.

— Voilà de l'ambre merveilleusement magnétique! fit Canoby.

Très sensible à ce compliment, le commandant répondit :

— Si je vous disais l'histoire de cette pipe, vous comprendriez le prix que j'y attache.

Il est toujours d'une éducation médiocre de ne pas interroger un monsieur qui a sensiblement une histoire à vous raconter. Nous insistâmes donc pour que le commandant nous contât celle-là, ce qu'il fit d'ailleurs, comme il suit, de la meilleure grâce du monde.

II

— C'était dans une de mes promenades dans l'archipel océanien. Le hasard me fit descendre dans une île où je fus fort étonné d'entendre parler une langue à laquelle je ne comprenais pas d'ailleurs un mot, mais certainement dérivée du français. Les insulaires qui l'habitaient se faisaient appeler *Arganautes*, non pas en souvenir de l'immortelle expédition de Jason à la recherche de la toison d'or, mais parce qu'ils descendaient d'un nommé Argan. Ayant fait quelques recherches historiques, je découvris que cet Argan n'était autre que celui dont Molière a parlé dans le *Malade imaginaire*, lequel Argan, étant huguenot, avait été exilé de France à l'époque de la révocation de l'édit de Nantes, et était venu s'installer là, ce que Molière, par un bas sentiment de flatterie, s'était bien gardé de nous conter. Or, vous savez tous quelle était la manie de ce pauvre homme et qu'il avait coutume de compter les heures du jour par ses ablutions intérieures, renouvelant ainsi les merveilles de la clepsydre qui marquait avec de l'eau la fuite du temps.

C'est ici, messieurs, le cas d'évoquer la loi darwinienne dans un de ses principes les plus féconds, celui de la *sélection naturelle*. C'est le principe en vertu duquel, dans chaque espèce animale, les individus ayant une faculté particulière et particulièrement robuste font seuls souche durable, les autres succombant dans l'implacable lutte pour la vie, le *struggle for life*, comme on dit au Gymnase, qui est la loi terrible des êtres. Cette faculté, à laquelle ils doivent de subsister, parmi les ruines de leurs congénères, va s'exagérant chez leurs descendants, si bien qu'elle devient, pour eux, une seconde nature.

— Comme l'habitude, interrompit Canoby.

— Oui, comme l'habitude, continua le commandant, laquelle n'est ordinairement pas étrangère à ce fait intéressant. Car c'est elle qui, bien souvent, développe en nous cette puissance, laquelle est comme une armure pour les êtres qui doivent sortir victorieux du redoutable combat. En sorte que, si, par l'exagération d'une coutume journalière, des êtres arrivent à se créer artificiellement un besoin, ce besoin revit plus actif, plus impérieux, plus dominateur chez leur progéniture et constitue un véritable signe de race.

C'était précisément le cas. Cette passion pour les politesses hydrauliques de M. Fleurant, qui avait distingué Argan, devait prendre chez ses descendants, les Arganautes, un développement tout à fait anormal. Et, en effet, le clystère était devenu, dans cette nombreuse famille, le principe fondamental (le mot est heureux) de toute alimentation et de tout plaisir. Oui, messieurs, les facultés du goût s'étaient complètement déplacées dans cette race d'hommes singuliers, mais dont le teint était d'une beauté et d'une fraîcheur remarquables. Les repas comportaient, comme chez nous, plusieurs plats, mais tous se prenaient par le bas, et il fallait voir ces friands d'un nouveau genre faire des grimaces de gourmandise quand des parfums de vanille et de chaudes odeurs de truffes montaient des magnifiques appareils aquatiques rangés solennellement sur les tables de famille. Car jamais je ne vis un si grand luxe dans les services de table. Les savoureux remèdes étaient maintenus à une température caressante par d'admirables réchauds en argent massif. C'était patriarcal et bon enfant en diable. L'aïeul avait un calice à piston d'un modèle plus grand et plus ornementé que les enfants. Mais ce qui était surtout intéressant, c'était de voir trinquer les dames. En aucun pays je ne portai autant de toasts à notre République...

— Comment? hasarda Canoby. Vous avez pu vous faire à ce genre de nourriture?

— Assez mal, j'en confesse, poursuivit Canard-Pétier. C'est même ce qui me fit quitter plus tôt que je ne l'aurais voulu cette île dont la végétation est magnifique, le sol étant naturellement fertilisé par les habitants, et où les femmes avaient les fesses remarquablement développées par la déglutition. J'y restai d'autant moins que les gens, très hospitaliers de tempérament, me fêtaient comme un compatriote et que je fus obligé de dîner constamment en ville, ce qui me fatigua beaucoup. Et quels menus ! Vous ne savez pas ce que c'est qu'une bisque prise par là et comme une mayonnaise vous empâte postérieurement la bouche! J'aurais fini par avoir une gastrite à rebours. D'autant que toutes ces choses échauffantes me rendaient infiniment amoureux et que j'aurais fini par faire cocu quelque Arganaute de marque, ce qui eût été trahir odieusement, comme un vil Anglais, les saintes lois de l'hospitalité. On m'offrit un banquet d'adieux où les crus les plus succulents furent dégustés. J'en eus une griserie particulière qui se traduisit par une musique de charme tout à fait étonnant.

Au départ, et comme je remontais à mon bord, le

président de la République arganautique me fit don d'un éguisier en or, nouveau modèle, avec mon chiffre, et cette inscription horatienne : *Nunc est bibendum !* Farceur, va ! A ce présent était joint un parchemin que je n'ai jamais pris, ma foi, la peine de déchiffrer.

III

C'est alors, continua le commandant, que me vint une idée de génie. Une des merveilles de cet éguisier unique au monde, ou à peu près, — car on n'en dut jamais faire de pareil que pour les têtes couronnées — était le bout d'ambre gris merveilleux qui en terminait le conduit. — « Au fait ! pensai-je, puisque je ne m'en suis jamais servi ! » Et, bravement, je le détachai, me moquant du préjugé, et c'est lui que vous admiriez tout à l'heure au bout de mon chibouk.

Ce disant, le commandant aspira bruyamment, fastueusement, avec ostentation, quatre grosses bouffées.

— Et le parchemin ? demanda le curieux Canoby.

— Oh ! il doit être dans quelque coin. Je vous dis que c'est un grimoire incompréhensible et sans aucune valeur. Vraisemblablement mes titres de grande naturalisation dans la République arganautique.

— J'ai beaucoup voyagé dans l'archipel océanien,

continua mon compagnon, et j'en connais, je crois, tous les idiomes.

Le commandant se leva, sans enthousiasme, fouilla, retourna des paperasses et nous rapporta une façon de diplôme d'un aspect bien étrange, en effet, avec sceaux et cédules. Immédiatement Canoby le dévora des yeux.

— Eh bien, y comprenez-vous quelque chose? demanda en riant le commandant Canard-Pétier.

— Parfaitement, dit Canoby sans hésiter, et je vais vous le traduire. Cela signifie : « Comme don de féal attachement, Nous accordons, par la présente, la propriété de ce magnifique souvenir à notre ami Canard-Pétier, l'assurant que nous seuls en avons fait usage, dans notre royale famille, avant de le lui offrir. »

— Pouah! fit le commandant, en lâchant le chibouk magnifique.

Et philosophiquement il alluma une simple pipe de terre, en répétant :

— Vive le tabac français ! c'est le premier du monde !

MAUVAIS VOYAGE

MAUVAIS VOYAGE

I

Brigadier, répondit Pandore,
Brigadier, vous avez raison!

Comme je me remémorais cette chanson de Nadaud, parmi tant d'autres, donnant un sincère regret à ce poète aimable qui fut aussi grand homme de bien, un autre souvenir traversa ma pensée, celui d'une aventure qui fit grand bruit, au temps de ma jeunesse — et ce n'est pas d'hier, comme dit Rabelais, du temps où parlaient les bêtes, ce qui devait être le dernier mot du parlementarisme. Bien que l'histoire, d'un caractère quelque peu intime, soit vraisemblablement oubliée de tous ceux qui n'y jouèrent pas un rôle, et que ceux-ci soient vraisemblablement trépassés ou dans un état comateux, j'en déguiserai les vrais noms sous d'opaques et joviaux pseudonymes.

Mettons donc que ce fut M. Duminet qui fit cocu le procureur Legras-Dufessier, en la bonne ville de Melun, très renommée en ce temps-là pour ses cocus, comme Coulommiers pour ses fromages. Si j'avais à excuser M. Duminet d'avoir concouru à la réputation de sa ville natale, je dirais que madame Legras-Dufessier était la plus admirable maîtresse qu'un célibataire pût rêver, de corpulence savoureuse, d'humeur aimable, certainement trop bien pour les délices bourgeoises d'un compulseur de dossiers, toujours affairé comme un hanneton. Au moins M. Duminet, Edgar de par son baptême, avait-il des loisirs. C'était, lui-même, un de ces rentiers provinciaux, sagement épicuriens, qui entendent la vie infiniment mieux que nous. Il avait, pour Aurélie, — c'est le petit nom de madame Legras-Dufessier — une passion sans emportement, mais pleine de prévenances délicates. Voilà, n'est-ce pas, de bien sympathiques gens. Ajoutons qu'ils étaient pleins de tenue dans le monde, et se donnaient un mal infini pour éviter le ridicule à leur victime commune, dissimulant avec grand soin leurs rendez-vous. Ne me parlez pas de l'adultère sans gêne qui ne respecte aucune convenance et se complaît même à faire rire la galerie du mari trompé. C'est plaisir de vantards et de goujats.

Donc ce n'est pas à Melun, à l'ombre du gothique clocher de Saint-Aspais, qu'ils avaient coutume de se rencontrer pour se déshabiller ensemble. Madame imaginait quelque voyage à Paris et Edgar feignait de s'en aller dans une direction très différente. Mais c'est en amour que tous les chemins mènent à Rome, surtout quand les pèlerins n'ont qu'une dévotion commune. Cette fois-là c'était à Nemours qu'avait lieu la conjonction des centres, si j'ose emprunter à la vie politique une image irrespectueuse peut-être ; un endroit délicieux que ne déshonorait, à cette époque, aucune gare de chemin de fer ; ce qui permettait d'y vivre heureux et loin des visites importunes. C'était par un admirable temps d'automne qui faisait les peupliers pareils à des fuseaux d'or et les routes à de fauves toisons frissonnantes, qui élevait, au-dessus des haies des jardins, les têtes multicolores des dahlias oscillant dans une brise déjà fraîche, qui emplissait l'âme de la poésie des souvenirs et donnait à l'amour des langueurs infinies. La journée des amoureux se passa donc dans une sérénité infinie de caresses, dans un recueillement dont le bruit furtif des baisers troubla seul le silence, en mille inventions charmantes et ingénieuses façons de se prouver leur tendresse. Car les sots seulement croient que c'est toujours la même chose, comme la besogne que faisait, durant ce temps, M. le procureur, mesurant aux loqueteux de longues années de galères. Car volontiers les magistrats ressemblent aux drapiers, mais à des drapiers qui donnent volontiers plus que la mesure.

Hélas ! le soir ne respecte pas les plus purs bonheurs. Aux trompettes de cuivre, qui se tendent au couchant, il sonne la retraite pour les amoureux diurnes qui ne se peuvent aimer sous le regard essentiellement vertueux des étoiles. Edgar et Aurélie eurent le tort de ne prêter qu'une oreille distraite à cette fanfare, si bien qu'ils laissèrent partir la diligence qui les devait ramener à Melun, Duminet devant descendre le premier, avant d'arriver aux portes de la ville. C'était une situation absolument désespérée. Ils supplièrent l'aubergiste de leur trouver une voiture à tout prix. Celui-ci leur répondit : « Je n'ai plus qu'une guimbarde et encore est-elle requise par la gendarmerie qui va, tout à l'heure, emporter à la recette générale de Melun les fonds de la recette particulière. Il y a, en avant de la caisse, deux places dans une façon de coupé, et si ça ne vous ennuie pas de voyager avec la maréchaussée... » Il leur sembla que c'était la Providence qui leur parlait par la voix de ce marchand de gibelottes et ils le remercièrent avec effusion, sans préjudice d'une autre monnaie que les aubergistes préfèrent. Un brigadier et deux gendarmes en hautes bottes les regardèrent monter avec une bienveillance malicieuse. Le brigadier était porteur d'un papier officiel mentionnant la nature de la chose dont il prenait la garde et qui était ainsi désignée d'une rapide écriture cursive : *Envoi de fonds*. Au signal donné par le sous-officier, la guimbarde s'ébranla derrière une envolée de coups de fouet.

II

Vous n'imaginez pas un voyage plus charmant que celui que firent d'abord nos amoureux. Avec une discrétion fleurant la galanterie française, le brigadier Poussemol et ses deux gendarmes Humevesse et Ratoli affectèrent de ne jamais trotter aux portières ; mais on les entendait rire sous leurs moustaches, ce qui était tout ensemble gai et rassurant. Comme ils devaient changer au relais, on était sûr qu'ils ne feraient pas de cancans à Melun. Oui, malgré que la voiture fût médiocrement suspendue et tintât la ferraille, Aurélie et Edgar goûtèrent de nouvelles et copieuses joies dans cette solitude à deux que l'ombre faisait plus mystérieuse et plus douce. Une légère pluie avait abattu la poussière et avivé l'arome des plantes sauvages qui bordaient le chemin, mouillant les rayons des astres eux-mêmes dans l'azur attendri et lavé du ciel. Le cahotement plus fort annonçait le pavé des villages qu'on traversait, sans s'arrêter, entre deux haies inégales de lumières tremblotantes avec des criailleries d'enfants qu'on endort, dans l'air moins vif.

Ainsi allèrent-ils, mesurant la route avec des baisers, — ce qui est plus intéressant que les kilomètres — doucement enlacés sur les coussins poudreux, nullement impatients d'arriver, jusqu'au relais où le brigadier Poussemol transmit ses pouvoirs au brigadier Laridelle que flanquaient les deux gendarmes Polypète et Rotenlair. Le brigadier Laridelle jeta un coup d'œil sur le papier officiel que lui tendait son doux collègue Poussemol : — « Très bien, fit-il, les gaillards n'ont qu'à se bien tenir ! »

— Est-il assez farceur, le brigadier Laridelle ! fit le gendarme Humevesse en descendant de cheval, pendant que filait la guimbarde chargée de trésorerie. Croit-il pas que les jaunets vont lui sauter au nez ?

— En voilà une vieille bourrique qui sait tout au plus lire ! ajouta le gendarme Ratoli, en desserrant son coursier.

— Je vous prie de respecter vos supérieurs ! fit sévèrement le brigadier Poussemol. Mon confrère Laridelle est certainement une vieille bourrique, mais il est votre supérieur.

III

Cependant Aurélie et Edgar s'aperçurent rapidement d'un changement dans la façon d'être des membres de leur escorte. Sabre au clair, s'il vous plaît. Comme si l'empereur allait passer, il avait pris la tête de son détachement, dont les deux ailes, composées chacune d'un individu, s'étaient déployées, sur son ordre, à chaque portière, et rien n'était plus mauvais que les regards glissés par le gendarme Polypète dans l'intérieur du coupé, si ce n'est ceux qu'y plongeait obliquement le gendarme Rotenlair. Duminet était outré de ce manque de convenances, mais il avait le respect de l'autorité; et puis, il ne s'agissait pas de se faire une affaire en route avec les subordonnés du procureur Legras-Dufessier. Advint une côte dont il voulut profiter pour descendre décemment et satisfaire une fantaisie emmagasinée depuis longtemps déjà. Il fit donc signe au cocher d'arrêter; mais, sur un ordre du brigadier Laridelle, celui-ci fouetta son cheval, pendant que les gendarmes Polypète et Rotenlair brandissaient leur sabre avec menace, en cognant les deux portières des pointes de leurs bottes.

— Ah! mais ils commencent à m'embêter! s'écria M. Duminet, et, descendant une des vitres, il apostropha le brigadier.

Mais Laridelle haussa simplement les épaules, en se tournant à demi pour dire à ses hommes:

— Vous savez, s'ils ne sont pas sages, tapez dessus!

Vivement Duminet, qui était hardi comme un lièvre, referma la croisée.

— Mon Dieu! mon Dieu! murmurait Aurélie épouvantée.

Et tous deux avaient la même vision faite de leurs remords plus encore que de leur épouvante. Le procureur Legras-Dufessier savait tout. C'était lui qui avait dépêché au relais les nouveaux gendarmes, des âmes damnées à lui. Ils étaient pincés et allaient aller en prison. Ils auraient le maximum du châtiment que comporte l'adultère, ce qui ne rate jamais quand c'est un magistrat qui est cocu!

Et avec la sincérité menteuse d'un vrai repentir, ils regrettaient les baisers, les caresses, les heures délicieuses qui allaient leur valoir une détention déshonorante. Ah! les fous! Et comme ce brigadier Laridelle, que vous prenez pour une mazette, avait, au demeurant, du génie! Oui, les fous de ne pas savoir que le bonheur d'aimer se paie encore trop bon marché de toutes les avanies et de toutes les mésaventures!

Et Melun, la cité vengeresse, qui approchait, profilant au clair de lune la double tour de sa Notre-Dame que Victor Hugo n'a pas immortalisée, et aussi, à la pointe de l'île, la masse d'ombre de sa prison départementale déjà renommée, en ce temps-là, et habitée par des criminels de choix. Une vague horreur leur courait aux moelles. On entrait dans le faubourg où des cavaliers en permission de minuit traînaient bruyamment leurs longs sabres. Mais ce n'est pas du côté de la prison qu'on les dirigeait. C'est devant l'hôpital que s'arrêta la voiture.

— Garde à vosss, fit Laridelle en serrant sur la bride. Nous allons demander les camisoles de force, car ils semblent furieux.

Edgar et Aurélie passèrent leurs mains froides sur leurs fronts baignés de sueur. Tout le personnél de l'hôpital s'amassait autour du coupé avec des lumières. Ils étaient immédiatement reconnus du directeur qui poussait des exclamations de détresse.

— Brigadier, demanda-t-il à Laridelle, comment ces deux personnes sont-elles entre vos mains?

— Je les tiens du brigadier Poussemol, de Nemours, fit sans se troubler le militaire. Et voilà mon papier, ma lettre de service. Lisez vous-même : *Envoi de fous !*

— *Envoi de fonds !* malheureux ! riposta plus désespérément encore le fonctionnaire hospitalier.

Laridelle, atterré, mit ses lunettes.

— Nom de Dieu ! fit-il, j'ai mal lu ; monsieur et madame, toutes mes excuses. Gendarme Polypète et gendarme Rotenlair, vous ferez chacun huit jours de salle de police pour ne pas avoir éclairé votre supérieur.

Tout se dénoua fort heureusement, après une si cruelle alerte. Le libérateur du duo amoureux était un galant homme qui promit le secret, congédia son monde et fit rentrer très discrètement Aurélie au domicile conjugal, cependant qu'Edgar regagnait le sien comme un péteux, mais enchanté tout de même. Le brigadier Laridelle eut de l'avancement, sur la recommandation de M. le procureur qui avait remarqué son zèle. Tout est bien qui finit bien.

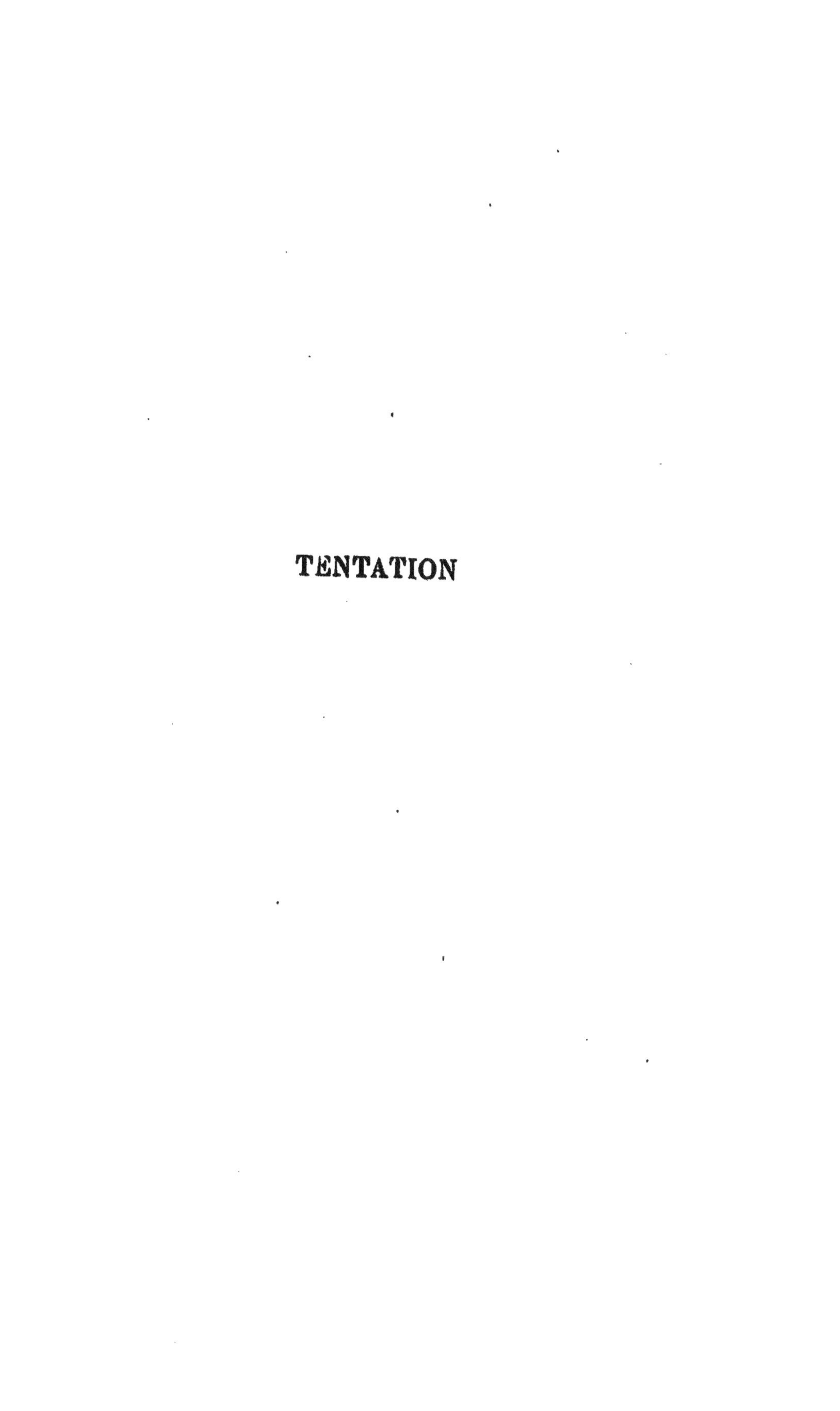

TENTATION

TENTATION

A Paul Couzinet.

I

Une fois de plus, mon précieux Cadet-Bitard et moi nous partions pour Toulouse, et je vous laisse à penser si nous étions joyeux! Tout semblait concourir, d'ailleurs, à l'agrément de notre voyage. Le but d'abord qui nous était agréable, puis la relative solitude qui en fait la liberté. Nous étions tous les deux seuls, au départ, dans notre compartiment. La cigarette allait nous ouvrir le ciel bleu du rêve. En attendant, nous causions à cœur ouvert. Cadet-Bitard, bien entendu, me faisait des théories amoureuses. Il se sentait vieillir. Il aimait les charmes moins abondants qu'autrefois. De gourmand il était devenu gourmet. La quantité ne lui tenait plus lieu de qualité. Monsieur tenait à des appas fermes et quasi virginaux. Tous indices graves. Par exemple, il avait gardé l'horreur des maigres. Seulement il admettait la dangereuse théorie des fausses maigres. Il croyait aux surprises du déshabillé, et maintenant il ne s'en tenait plus aux inspections sommaires et visuelles. Sournoisement il tâtait avant de s'aventurer. Il tâtait en haut et par devant, convaincu d'une corrélation logique avec le bas et le postérieur.

Moi je l'écoutais, ou mieux je l'entendais comme on ouït tourner un moulin ou l'eau courir sous les árches des ponts. Je me suis avisé de découvrir que la femme la plus belle est celle que nous aimons parce que nous la voyons suivant notre esthétique et non telle, sans doute, qu'elle est en réalité. Il y a loin de là aux théories inflexibles d'un idéal sans rémission. Maintenant je n'ai jamais aimé les femmes que parce que je les trouvais belles. C'est donc un sophisme, à moi, de m'étonner ensuite de les aimer.

Et l'heure fuyait délicieusement en ces propos d'une philosophie pratique et douce. Plût au ciel que les hommes n'eussent jamais disserté d'autres choses que de ces innocentes questions d'où dépend cependant le seul bonheur de la vie. On n'aurait pas à redouter les *meetings* et la question sociale se résoudrait en baisers, comme au temps de ce bon Lamourette. Mais nous sommes loin de cet âge d'or.

Les premières fraîcheurs de la nuit nous atteignirent à Etampes, mais exquises et nous mettant simplement une activité nouvelle au cerveau. On eût dit, du ciel, un immense van trop chargé d'un blé d'or dont les grains le crevaient çà et là, sous forme d'étoiles. C'est, sans doute, les anges qui se préparaient à faire leur pain là-haut, ce pain blanc et divin, pareil à une hostie, et que la lune allait nous montrer tout à l'heure. Cette boulangerie céleste était accompagnée de chants aériens, vagues et délicieux, dans lesquels dominait cependant la voix sonore du rossignol dans les jardins. Et je n'écoutais plus du tout Cadet qui continuait à disserter sur les nénés et sur les pétards, avec la précision d'un géomètre qui ne parle que sa mappemonde à la main. Ma pensée était ailleurs qu'à ces rondeurs délicieuses et je devançais, par la pensée, l'accueil des amis de là-bas et les taquineries savoureuses de mon filleul Cacamonni. Quand je baptise les enfants, moi, voilà les noms que je leur trouve. Il n'y a pas de saint Cacamonni dans le calendrier. Mon filleul et moi nous serons notre saint, ou plutôt nos deux saints, ce qui rentrera dans les méditations de Cadet-Bitard.

Les Aubrays! — on m'a toujours arrêté là : sans doute parce que le chef de gare avait été prévenu que je ne suis pas digne d'entrer à Orléans, depuis plus d'une trentaine d'années. Il me semble qu'il y a cependant un âge où l'on en redevient digne ; mais je ne suis pas pressé d'y arriver. Je suis bien plus pressé d'arriver à Châteauroux pour y boire, avant que le buffet ferme, un délicieux verre de vin gris berrichon, comme nous l'aimons, le gas Baffier et moi.

Mais les Aubrays ne se passent pas ainsi. Deux personnes de sexe différent envahissent notre tranquille compartiment. Adieu les rêves silencieux ! Adieu la dive cigarette aux ailes bleues et transparentes de libellule !

II

Une *femme* jeune, un monsieur *vieux*. Ça vaut tout de même mieux que le contraire. Dans l'ombre où elle glisse, la jeune femme nous paraît plus qu'élancée dans la lumière des lanternes qu'il traverse, le vieux monsieur nous semble franchement laid. Père et fille ? La nature des premières familiarités surprises écartait immédiatement cette patriarcale hypothèse. Mari et femme ? Ils sont trop aimables l'un pour l'autre. Amant et maîtresse ? Mon Dieu, oui. La jeune femme, bien emmitouflée pour la saison, s'allonge dans un coin, vis-à-vis de mon satané Cadet. Ils causent, nous les écoutons, et voici leur roman bientôt feuilleté jusqu'à la dernière page. Le vieux monsieur est un fonctionnaire départemental considérable obligé de se séparer de sa bonne amie, pour raisons administratives. Mais il ne l'éloigne que momentanément, pour donner le change aux délateurs qui ont envie de sa place. Comme tout cela est propre! Ils se sont rejoints aux Aubrays parce qu'il veut avoir le plaisir de la reconduire jusqu'à Limoges, mais elle ira plus loin. Elle va aussi à Toulouse. — Quel malheur pour toi qu'elle soit si maigre! ai-je pu murmurer à l'oreille de Cadet. Il n'a pas eu l'air de m'entendre, mais son regard voulait dire : — Qu'en sais-tu?

Et l'idylle navrante se déroulait devant nous. Il avait vraiment beaucoup de peine, le vieux fonctionnaire, de se séparer de sa bonne amie. Il y a comme ça, dans la bureaucratie française à laquelle j'ai appartenu, des cœurs restés infiniment tendres. Il est vrai que les ronds de cuir des fauteuils ne montent pas aussi haut. Ah! s'il avait eu trente ans, comme il aurait envoyé promener celle que, Courteline et moi, nous appelons encore : la Princesse! Mais il touchait à la retraite et n'avait plus le droit de faire une sottise. Attendez un peu, d'ailleurs! Quand il l'aurait, sa retraite, il ferait revenir cyniquement sa bonne amie et passerait, dans la ville, l'ayant au bras, sans saluer ses chefs, ses anciens chefs, encore esclaves. Il la mènerait aux bals du ministère pour compromettre, à son tour, le gouvernement. Sans enthousiasme, la jeune femme écoutait ses projets de bonheur, y semblant résignée avec d'obscures confiances dans la pitié homicide du Destin. Et elle demeurait toujours, allongée, emmitouflée, continuant à celer le mystère de sa taille, impénétrable aux indiscrétions plastiques du regard, répondant par des signes de tête, des oui et des non seulement, à ce déluge d'amoureuses paroles tombant, en cataractes, du cerveau de son vieil amoureux.

Cependant nous approchions de Limoges. Le petit pain céleste apparaissait au zénith, dans son ostensoir d'azur sombre, bijou de lapis-lazuli serti d'invisibles filets d'or. Et les petits boulangers d'en haut, les anges, blancs et joufflus comme de délicieux mitrons, se plantaient des étoiles à la boutonnière pour aller faire un tour dans l'allée des Acacias du Paradis, en attendant la sonnée de l'Angelus. Ils passaient enfarinés, sous forme de petits nuages très légers, semblant des flocons de neige dont une main malicieuse aurait éparpillé l'ouate, ou des caprices de fumée montant d'un invisible narghilé.

Limoges. Arrêt et buffet. Mon Cadet-Bitard est descendu, agile comme un zèbre, pour se rafraîchir d'un petit verre de vespétro, sa liqueur favorite, « la sainte trinité », comme il l'appelle familièrement. Le vieux monsieur achète à un gamin, qui suit le marchepied du wagon, deux brioches fraîches et les offres à sa bonne amie, avant de la quitter. Celle-ci, toujours emmitouflée, dormait à demi, sinon tout à fait, les mains croisées sur la poitrine. Sans les déranger de leur situation, elle y laissa glisser les brioches, se contentant de les refermer instinctivement sous les plis de son schall, si bien qu'elle semblait comme avant, avec cette pâtisserie en plus, mais bien cachée sur la gorge. Une dernière fois, le vieux monsieur l'embrassa au front, toujours sans la déranger, lui laissa une ou deux larmes dans les cheveux et disparut.

Il était temps. C'est au milieu des malédictions et

des jurons des employés que Cadet-Bitard, qui n'avait rien vu, attardé qu'il était à son sacré vespétro, regagna son coin, le train marchant déjà et la machine ayant recommencé de s'essouffler bruyamment.

III

Je fermai à demi les yeux, faisant celui qui dort, uniquement pour voir ce que ferait mon jovial compagnon. Ah! ce ne fut pas long. Immédiatement repris par la manie des expériences, il se pencha sur la jeune femme, pour voir si elle reposait vraiment, et, convaincu par la régularité musicale de son souffle, il commença l'exploration qu'il m'avait préconisée. D'une main onctueuse, prudente dans sa caresse, légère et savamment recroquevillée pour multiplier les indications aimables du toucher, il effleura le schall de l'inconnue, à l'endroit des seins, accentuant son expertise et la graduant avec un sentiment infini des convenances. La belle ne broncha pas. Mais lui fit une délicieuse grimace de satisfaction. Il avait rencontré certainement deux choses bien fermes et bien saillantes, deux rondeurs en arrêt provocatrices en diable. Il était maintenant fixé sur tout le reste, et un grand air de triomphe illuminait son front. Comme un gourmand, il se léchait le bout des doigts avec une satisfaction gloutonne, mais sans analyser cette gastronomique impression. Il faisait grand jour, et nous marchions ferme sur Montauban. Il n'y avait pas un moment à perdre. La lune avait disparu de la huche du ciel et les dernières clartés stellaires s'envolaient comme des fétus de paille. La jeune femme ouvrit les yeux et Cadet commença à lui faire une de ces cours impatientes qui lui ont souvent réussi en voyage. Sans se déranger, elle l'écouta, puis lui sourit, puis lui promit ce qu'il voudrait à l'arrivée. Ah! pauvre fonctionnaire! Que tu étais oublié profondément! Cadet nageait dans les joies de la conquête. Il me narguait, l'impertinent. Il me faisait des mimiques inconvenantes pour exprimer combien sa nouvelle victime avait la poitrine capitonnée. Moi, je ne disais rien. Mais, à son tour, sa mine me prêta à rire, quand la jeune femme, s'étant tout à coup dressée sur son séant, se mit à manger gravement, devant lui, ses deux nénés qui étaient en brioche.

CASUS PACIS

CASUS PACIS

I

Ils ont été plus rares, dans l'histoire, que ces *casus belli* dont la sanglante légende emplit la mémoire des hommes. Car, trop volontiers, les hommes cherchent ce qui divise plutôt que ce qui unit. J'en veux donc citer un exemple peu connu, même des érudits, vous conter comment, par l'extraordinaire loyauté d'un membre de ma famille, la guerre fut évitée entre deux nations aujourd'hui sincèrement amies, ce qui évita un nouveau sursaut à cet élément mobile entre tous, que nous autres diplomates de race nous nommons l'équilibre européen.

C'était sous Louis XV, à l'époque où mon aïeul était ambassadeur de France auprès de la cour de Hollande. Je vous vois d'ici fouiller dans vos souvenirs et dans vos dictionnaires, en vous demandant : « Est-ce que jamais un Silvestre a été ambassadeur de France à la cour de Hollande sous le règne du Bien-Aimé, qui mourut de la male vérole ! » Et vous ne trouvez pas... et vous me regardez avec incrédulité, et vous avez l'air de vous ficher de moi. Avant que vous me traitiez publiquement de Gascon, ce qui d'ailleurs ne ferait que flatter mon amour-propre, apprenez une particularité qui imposera silence à la malveillance de vos doutes. J'appartiens à une souche toulousaine tellement modeste que mes ancêtres ont toujours pris des pseudonymes pour faire de grandes choses. C'est ainsi que nos annales sont remplies de hauts faits attribués à d'autres personnages qui, devant la postérité, en ont à jamais gardé l'honneur. C'était une manie dont j'ai hérité et vous ne saurez jamais ce que personnellement j'ai fait d'admirable, sans en vouloir recueillir la gloire. Nous sommes des gens tranquilles qui aimons manger notre cassoulet sans être dérangés par l'enthousiasme populaire. Ah ! nous trouvons facilement des ambitieux qui se font passer pour nous ou, du moins, qui acceptent que nous nous fassions passer pour eux, ce qui est tout un.

Donc mon aïeul — si vous saviez quel nom de haute aristocratie il porte dans les mémoires du temps, bien qu'il s'appelât simplement Onésime-Pantaléon Silvestre, dans la sincérité de son acte de naissance! mais je ne veux pas le dire, me réservant de ne jamais trahir son secret, — donc mon aïeul, qui était un diplomate de carrière, de tempérament pacifique et à qui un bouillant général du temps — (mon arrière-cousin aussi) — dit, un jour, devant toute la cour : « Ah! *Cunctator!* » ce que mon aïeul prit très mal, étant prodigieusement embêté, parce que le torchon brûlait entre la Hollande et la France, par les méchantes intrigues de ces animaux d'Anglais qui ont toujours été nos pires ennemis et qu'il s'attendait, d'un moment à l'autre, à être rappelé, ce qui lui était très désagréable, car les bords du Zuyderzée sont ce que je connais de plus délicieux au monde et on mange, à Amsterdam, des saucissons fumés incomparables, sans préjudice d'un ciel d'un bleu fin, presque gris, adorablement caressant aux yeux, et de jolies filles blondes qui portent des plaques d'or dans l'or plus pâle de leurs cheveux. Quant à La Haye, résidence royale, c'est un lieu d'un charme exquis, débonnaire, affectueux, où j'ai toujours rêvé de prendre ma retraite, quand mon gouvernement pourra se passer de mes services.

C'est là que mon aïeul, le célèbre... Chose, attendait la fatale nouvelle que ses efforts reculaient depuis longtemps, et, comme il était grand philosophe, il tuait le temps en prenant d'excellentes nourritures nationales dans le pays qu'il lui allait falloir quitter, si bien que, le soir dont je vous parle, il avait contracté, par intempérance, une effroyable colique. Le mot vous déplaît? Que voulez-vous! *Coliqua me juvat, me delectat*, comme dirait Lhomond.

Le méchant mal lui était venu d'avoir mangé trop de sarcelle aux confitures de prunes, — car ce mets est indigeste au premier chef et je ne connais de pire que le homard aux poires tapées — et littéralement coupé en deux par cette indisposition déshonnête, le pauvre homme errait par les rues, cherchant quelque coin désert où il pût faire mine de s'asseoir, comme pour causer, sur une invisible chaise. — N'écoutez jamais les causeurs de cette espèce, à moins d'être consciencieusement enrhumés! — Mais rien! Les longs trottoirs fraîchement lavés, luisants comme des marbres, le long des maisons au seuil impeccable, et l'astre calme des nuits inondant de ses clartés pâles cette blancheur immaculée et cette propreté impitoyable. Allez donc mettre un pâté sur cette page vierge! « Heureuse la lune! pensait mon misérable aïeul. Elle a, du moins, le champ des étoiles pour se sauver et elle peut, à la rigueur, se cacher derrière la grande Ourse, qui était une espèce d'Odéon presque aussi solitaire que le nôtre pour y rêver en liberté! » Les plus sublimes courages fléchissent sous l'obstination du destin. Les jarrets du martyr se ployèrent d'eux-mêmes; sa jolie culotte de soie mauve descendit le long de ses mollets comme mue par la main silencieuse du sort en personne. Deux lunes au lieu d'une à l'horizon!... Oui, mais aussi deux mains s'abattant sur ses épaules, la force armée l'appréhendant et l'arrachant à sa médication musicale pour le traîner devant le chef de la police. « Bon! pensa mon aïeul, c'est le bouquet. (Il se vantait, le traître.) Voies de fait vis-à-vis de l'ambassadeur d'une nation avec laquelle on est déjà en délicatesse. J'aurai mis le feu moi-même aux poudres. Sacrées sarcelles aux confitures! » Et il se lamentait intérieurement, d'autant qu'il n'était qu'imparfaitement soulagé. Heureusement le grand chef de la police, — qui n'était certainement pas, lui, un ancêtre de M. Lozé, — le reconnut, comprit le péril de la situation internationale et apaisa immédiatement le conflit par des excuses. Si on avait su que c'était l'ambassadeur de France qui contrevenait aux sévères ordonnances de la commission d'hygiène publique, on lui aurait porté les armes et fait cortège ensuite pour le ramener à son palais.

— Je n'en demande pas tant, dit modestement mon aïeul, monsieur le Grand Mouchard, mais je serais bien aise de savoir ce que font vos compatriotes quand ils se trouvent, dans la rue, opprimés du même mal que moi.

— Dans ce cas, répondit obligeamment l'anti-Lozé, monsieur l'ambassadeur, on frappe trois petits coups simplement à la première porte venue. On comprend tout de suite et tout ce qui vous est nécessaire est immédiatement mis à votre disposition.

— Noble pays! dit mon aïeul à haute voix. Et il ajouta tout bas, *in petto* — c'est le cas de le dire : — Comme nous ferions mieux de faire la guerre à ces cochons d'Anglais!

Et il reprit sa promenade sous les blancheurs inconscientes de la lune.

II

Il n'est que temps de passer à des personnages autrement élégiaques et sentimentaux. Or donc connaissez la belle Gudule Van Vessen, légitime épouse de l'arquebusier Van Vessen, inventeur des premières carabines à vent, une exquise bourgeoise s'il en fut jamais. Car c'était un printemps de lis et de roses, des bottes de marguerites blanches et des fleurs de pêcher sous un ruissellement de soleil, ce qui ne se verra plus tard que dans le jardin du Paradou, au beau livre de l'abbé Mouret. Autrement ne saurai-je exprimer que par cette image horticole la fraîcheur merveilleuse de son teint et le blond divin de sa chevelure. A moins que je ne vous représente, de préférence, un ruisseau de lait coulant du sommet jaune de miel du mont Hymette; ou encore une avalanche de neige se déroulant sous la dernière caresse du couchant. Oh! les belles chairs d'arquebusière candides et rebondies! La belle nappe servie devant l'appétit des galants, et toute chargée de friandises délicieuses, godiveaux de baisers, croque-en-bouche... j'en passe et des meilleures encore auprès desquelles la sarcelle aux confitures et le homard aux poires tapées ne sont rien! Inutile de vous dire que cette belle avait un amoureux, le luthier Van de Boom, un joli et timide garçon qui jouait lui-même de ses instruments pour charmer sa bonne amie. Quand celle-ci en eut assez, ayant remarqué un capitaine qui lui parut plus digne de l'aider à faire son mari cocu, — car c'est un point où le choix du collaborateur est essentiel, — elle écrivit au jeune luthier que Van Vessen se doutait de quelque chose et qu'il n'était que temps de rompre. Le pauvre Van de Boom crut vraiment qu'il rêvait en recevant cette nouvelle. Il en laissa choir, de surprise, le plus beau stradivarius de sa boutique qu'il était en train de réparer, puis il se mit à pleurer si amèrement qu'il remplit complètement d'eau une guitare qui se trouvait sur sa table et dans laquelle une grenouille apprivoisée — car il n'avait que des goûts idylliques, le brave garçon — se mit à nager avec délices. Après quoi il trépigna si furieusement des jambes, dans la crise nerveuse qu'il eut et dans sa colère contre le destin, qu'il tricota, sans s'en apercevoir, tout un bas de laine commencé par sa gouvernante et qui avait roulé sous son tabouret. Et, tombé à terre sur son séant, il y secoua toute sa personne en si terribles soubresauts qu'il pila, sans le vouloir davantage, quatre ou cinq kilos de sucre qui avaient perdu leur équilibre dans ce brouhaha, et il le réduisit en poudre si fine que les mouches elles-mêmes éternuaient en y voulant goûter. Ah! si la mécanique entreprenait d'utiliser toutes les forces vives dégagées par nos passions, tous les mouvements dont le rythme instinctif s'impose à notre être, l'électricité et la vapeur ne seraient bientôt plus que de vains mots.

Et en continuant de soupirer comme un flageolet qui se vide, il relut ces mots dont la lettre de l'infidèle Gudule était terminée : « Venez ce soir à onze heures. Mon mari sera sorti. Mais je ne veux plus vous recevoir : je ne le puis. Vous frapperez trois coups à la porte d'entrée. C'est moi qui serai derrière. J'ouvrirai le judas et je vous passerai un petit coffret dans lequel vous trouverez toutes vos lettres. Vous les prendrez et vous me rendrez les miennes, en y ajoutant un dernier bouquet de roses que je vous permets de m'offrir encore. Ce sera le suprême adieu. »

Un tel sanglot s'échappa de la poitrine du luthier en achevant cette lecture, que toutes les croisées s'ouvrirent à la fois et que son chat familier, croyant à une tempête, se réfugia dans la guitare et y prit un bain malgré lui, car, moins que les grenouilles infiniment, les chats aiment la natation.

III

— Nom d'un chien ! ça me reprend, fit mon aïeul qui n'était pas encore rentré. Mais, cette fois-ci, je sais ce que j'ai à faire.

Il était justement devant la porte de l'arquebusier Van Vessen, comme le premier coup de onze heures sonnait au beffroi de la ville. Résolument il y frappa trois petits coups.

Dès le premier choc, un judas s'ouvrit et une jolie main lui tendit une façon de cassette dans laquelle il distingua nettement quelques papiers.

— Dépêchez-vous! lui disait en même temps une jolie voix.

— Soyez tranquille! répondit-il.

Et il pensait en lui-même : « Ces excellentes gens! ils ont pensé à tout. »

Et, comme il l'avait promis, il fut bref, sans que j'aie à insister sur la nature de la correspondance qu'il substituait à celle de madame Van Vessen. Quand il lui rendit le coffret visiblement alourdi :

— Grand merci! fit-il.

Et il allait se sauver, tout joyeux, quand il se heurta contre l'excellent Van de Boom qui arrivait avec un bouquet de roses. Mon aïeul, croyant qu'elles étaient pour lui, les lui prit vivement des mains :

— Grand merci! fit-il une seconde fois.

Et, au roi Louis XV, dit le Bien-Aimé, il écrivit, en rentrant : « Sire, à aucun prix ne déclarez la guerre à un peuple où l'hospitalité est poussée à ce point de délicatesse, que, non content de mettre à la disposition des étrangers tout ce qui est nécessaire aux moindres besoins de la vie, il leur offre ensuite des roses pour en effacer jusqu'au souvenir! »

Le roi qui était vicieux comme un bandit, mais bon homme au fond, pleura dans sa tabatière, et décommanda la campagne dont il venait d'achever le plan avec son major général, ce qui déconcerta les méchantes intrigues de nos ennemis les Anglais.

OH ! ERNEST !

OH ! ERNEST !

I

Le vicomte Ernest des Gribouilles appartient nettement au groupe des ralliés à qui l'on fait aujourd'hui de si jolies risettes. Peu de familles ont des antécédents moins républicains que la sienne. Un des Gribouilles a rapporté autrefois la gale de la Palestine ; un autre des Gribouilles, sous Louis XIII, fut, comme on dit, dans la bouche du roi ; un autre des Gribouilles encore conspira à Coblentz avec une petite redingote à grand collet, sans compter une Anastasie des Gribouilles, abbesse d'un couvent dont les pets de nonnes étaient particulièrement renommés. Lui-même, le vicomte Ernest a dansé, jeune encore, sur les genoux cagneux du Seize-Mai. Mais il est en pleine maturité d'âge aujourd'hui, fort ambitieux et il a pardonné à la République qui ne sait de quelles faveurs le combler. La dernière a été de le nommer préfet des Trois-Sèvres, un poste rare dont il est titulaire depuis quelques mois déjà.

Au moral, vous le connaissez un peu déjà. Vous le connaîtrez tout à fait, quand je vous aurai dit qu'il avait toujours rêvé un riche établissement, comme on dit en patois matrimonial. Ce n'est pas un de ces petits fous qui s'imaginent que la vie est faite pour aimer et pour souffrir mille douloureuses délices. Son idéal, moins haut que cette chimère douce et cruelle, s'est toujours arrêté à une dot confortable avec le minimum de laideur que comporte une fiancée bien partagée du côté de la fortune. Au reste, comme vous le verrez tout à l'heure, ces nobles vœux, à ce point de vue comme à l'autre, viennent de se réaliser. Un heureux donc, si tant est que le succès soit une condition du vrai bonheur. Ce qui n'est pas prouvé.

Au physique... Comment vous dire? Une bille de demi-politicien, quelque chose de volontairement correct qui tout de suite vous embête, un sérieux d'âne qu'on étrille, presque assez de suffisance pour représenter, au besoin, un magistrat. Vous le voyez d'ici avec ses favoris, son menton légèrement en ganache, ses airs capables et ce je ne sais quoi qui vous fait dire : Voilà un gaillard qui a peut-être pataugé dans le Panama, mais qui certainement n'a pas composé l'*Iliade !*

Tenue irréprochable, s'entend, et ce point est essentiel, pour la clarté de ce récit. Pas un détail intérieur ne manque jamais au bon état de sa toilette. Le vicomte porte des bretelles de soie d'une élégance parfaite. Montant à cheval, comme tout homme comme il faut, aimant les sports et la prudence tout ensemble, il porte également le petit appareil hygiénique qui abonde aux vitrines des bandagistes consistant en une façon de ceinture soutenant une pochette en filet, dont on dit, aux petits enfants trop curieux, que c'est un bonnet de poupée. La ceinture est de soie et appareillée aux bretelles et le bonnet de poupée est renouvelable à la fantaisie du consommateur. Pudique, bien entendu, comme un jeune éléphant, le vicomte ne s'est jamais déshabillé devant les dames qui l'honoraient de leur confiance et, dans les amours légitimes qui sont maintenant siennes, il s'impose plus de réserve encore, si bien que madame la vicomtesse n'a jamais assisté à la transition qui, d'un monsieur en redingote noire, fait un galant en longue chemise de nuit. C'est pourtant gentil l'abandon dans la toilette de nuit des amoureux ! Mais monsieur le vicomte est préfet !

II

Dès son arrivée dans un département où la monarchie a encore des défenseurs et où il arrivait, pour beaucoup, avec la renommée d'un simple renégat, le vicomte des Gribouilles comprit bien vite qu'il se ferait plus facilement craindre qu'aimer. Le mauvais accueil qu'il reçut dans quelques anciennes familles dont il tâta l'hospitalité, sous prétexte qu'elles avaient connu la sienne, l'enragea même quelque peu. Il se demanda comment, tout en faisant un zèle excusant son impopularité, il pourrait embêter un peu tous ces braves gens-là. Il chercha un modèle dans l'administration parisienne, laquelle doit toujours fournir à la province ses exemples, puisque c'est censé le dessus du panier qui y arrive aux fonctions importantes. La gloire de M. Lozé, dont le tempérament ressemble d'ailleurs beaucoup au sien, le tenta rapidement. Ah! on lui faisait grise mine, parce qu'il avait lâché son parti! Eh bien! il allait faire payer aux chiens du département l'imprudence de leurs maîtres, ce qui est le comble de la logique et de l'équité. Il s'inspira donc des dispositions sévères qui ont épuré Paris d'un tas de caniches innocents, de levrettes consolatrices, de carlins pareils à de jolies faïences japonaises. Il les aggrava même et surchargea les communes d'impôts en leur attribuant des fonctionnaires spécialement destinés à la chasse et au supplice immédiat des toutous. Il tombait bien ! Dans ces aristocratiques familles, il y avait un tas de disciples de Nemrod qui avaient des meutes dont le chenil n'était pas toujours fermé. Elles furent décimées, à la grande fureur de leurs propriétaires ; il y avait aussi beaucoup de vieilles demoiselles et même de douairières qui se consolaient des virginités intactes, avec des petits compagnons à quatre pattes qu'elles idolâtraient et bourraient de dragées. M. le préfet en arracha jusque de dessous leurs jupes immaculées. Il n'eut même pas pitié des aveugles et aggrava le sort des Bélisaires départementaux en ajoutant la solitude à leur naturelle infirmité. Pour s'encourager soi-même dans sa tâche tracassière et canicide, M. des Gribouilles avait fait encadrer dans son bureau une photographie agrandie de M. Lozé et il la contemplait, en rédigeant ses arrêts de mort, d'un air interrogateur qui semblait dire : « Denys le Tyran, es-tu content de moi ? »

Comme il ne pouvait pas prétendre cependant à l'anéantissement complet de la race, il torturait ce qui en restait par l'invention d'un tas de muselières où le visage des chiens était meurtri, qui les condamnaient à la faim et à la soif, de véritables instruments de torture qu'il imaginait lui-même et qu'il imposait à ses justiciables. Cet homme deviendra certainement préfet de police un jour.

III

En attendant, comme je vous l'ai dit, il vient de se marier. Je n'ai rien à vous dire de madame des Gribouilles, sinon que bien que jeune et matériellement pas mal, elle ne donne pas l'envie de faire un cocu. Elle est vraiment bien appareillée à ce solennel imbécile, et tout l'élément bourgeois du chef-lieu, commerçants enrichis dans la fraude des denrées coloniales, huissiers honoraires, anciens juges de paix qui assistent aux réceptions préfectorales, trouvent ce ménage charmant, tout en se bourrant de petits fours. Nos jeunes époux ont fait le petit voyage de noces traditionnel à Nice. Nice est, en effet, un endroit tout indiqué pour les amoureux qui ne désirent pas la solitude où se recueillent les ferventes tendresses. C'est le rendez-vous des banalités de tous les mondes, le séjour délicieusement écœurant que rêvent les fiancés raisonnables pour après les épousailles. On s'y amuse des plaisirs de ceux dont la profession est de s'amuser. C'est le Paradis des croyants peu difficiles. Le vicomte et la vicomtesse y furent à leur place, monsieur le préfet humant voluptueusement, avec l'air salé par la mer, les restaurateurs et les gigolos, ce farniente des vacances rares où se délectent les fonctionnaires une fois l'an. Puis, après avoir fait juste la connaissance nécessaire pour donner, dans neuf mois, un nouvel enfant à la France, on rentra au chef-lieu.

Huit jours après, — il y a quelques jours à peine, — M. le préfet commençait une tournée pour s'assurer que tout son territoire avait subi la terreur canine et madame la préfète, qui n'était pas fâchée, en bonne petite dinde royale, de connaître son royaume, accompagnait son royal époux.

Or, il arriva que, l'inspection des fourrières, vides de cadavres, une fois terminée à Sainte-Camelle-près-Puce, chef-lieu d'arrondissement, la blanchisseuse de l'hôtel où le premier fonctionnaire du département et madame étaient descendus, n'avait pas encore rapporté le linge au moment du départ, et que celui-ci ne pouvait être retardé, l'arrivée de M. le préfet ayant été annoncée à Belvès-de-Curé, autre chef-lieu d'arrondissement où les pompiers étaient déjà sous les armes. M. le préfet donna donc l'ordre qu'on fît suivre son linge à Belvès où il lui faudrait bien deux jours pour s'assurer que la Saint-Barthélemy des épagneuls et barbets avait été complète.

Le voyage se fit sans incidents, à travers toutefois les imprécations des chasseurs qui auraient bien voulu tirer sur notre Gribouilles comme sur un simple lièvre, mais que la peur présente de la guillotine en empêchait.

Madame la préfète était demeurée seule, dans l'hôtellerie, cependant que son mari opérait dans l'intérieur de la ville.

Quand il entra, elle lui sauta au cou, en lui disant avec une tendresse inattendue :

— Oh ! Ernest ! quel grand homme tu fais ! Comment, même en voyage ! tu inventes encore !

Et, d'une main elle lui montrait, — à lui, un peu interloqué, — l'ayant pris dans le linge revenu de Camelle, un des petits bonnets de poupée dont il a été parlé plus haut et qui s'attachent, pour monter à cheval, à une ceinture de soie, cependant, que de l'autre main, elle lui désignait sur la note de la blanchisseuse, cette étonnante mention :

« *Une petite muselière...* cinq centimes. »

Honni soit, messeigneurs, qui mal y pense !

LE SACRIFICE

LE SACRIFICE

I

Il ne me faut pas croire aussi ignorant que je le parais des littératures étrangères, parce que j'ai pour nos auteurs français une fraternelle préférence que j'étends d'ailleurs à leurs aïeux de la Grèce et de Rome, pour ce que cette *filiation* me paraît une de nos plus grandes gloires. Pour ne pas préférer le moindre bout de poésie exotique à l'œuvre de nos poètes, comme j'en sais qui s'extasient sur des rimes du tout uniquement par haine des vers, — car ce leur est un plaisir infini de lire des vers sans rythme dans leur traduction, — je ne méprise pas les incursions dans le domaine des écrivains de lointaine race. Seulement quand c'est des poètes, je ne me permets pas de les juger, parce que j'estime que tout le vers est dans sa musique. « La forme n'est rien, mais rien n'est sans la forme », a très sagement écrit Emile Deschamps. Les choses sublimes de la pensée ne vivent que dans une forme impérissable. Jusque-là elles sont comme une matière qui attend son moule définitif, un simple néant dans le chaos des coulées à venir. En poésie, comme en mathématique, toute vérité se traduit par une formule symétrique. Le rythme est le véritable esprit des choses.

Je ne suis pas fâché de commencer, par une profession de foi austère, un récit qui le sera moins. Ce m'est une façon de plaider, par avance, les circonstances atténuantes de son incongruité. Il ne sort point, tout armé, de mon cerveau, comme une Minerve en goguette. Non, je l'emprunte à un livre fameux de l'Extrême-Orient, au *Shah Nameh*, écrit pour Mahmoud, en 1012 environ, par le poète Ferdousi, prédécesseur de la grande pléiade persane sous les Charvénides, glorieuse phalange dans laquelle il me suffira de nommer, pour rappeler vos souvenirs, Auwari, Chakâmi, Ferid-Eddin-Altar, Djellal-Eddin-Rumi, etc... Ah! ah! mes gaillards en sociétés savantes, vous voyez bien qu'il vous faudra, un jour ou l'autre, m'ouvrir votre sein. Ce ne sera pas cependant, s'il vous plaît, avant que ma bonne amie m'ait retiré le sien, dont je fais infiniment plus de cas. Car il est blanc comme la nacre et de pareil éclat, avec des transparences divines où courent des frissons d'azur.

Et vous verrez que les Persans ne sont pas notablement, dans leur histoire, plus bégueules que nous. Il ne semble pas que la ligue pour réprimer la licence y doive aller élire domicile. Elle y serait mal reçue dans un pays où le soleil est père du franc rire. Je ne vois pas d'ailleurs d'ici les principaux membres de cette remarquable institution, chez nous, costumés à l'orientale, avec des turbans et des robes de soie.

Et maintenant *erudimini*, grâce à moi, vous qui n'avez jamais lu le *Shah Nameh* et les œuvres du poète Ferdousi.

II

Donc Mahmoud-Shah était un prince bien guerrier, d'un caractère d'ailleurs difficile et extraordinairement jaloux. Sa femme Sadina, une princesse authentique, justifiait d'ailleurs, par sa beauté, les instincts méfiants de son époux à l'endroit des autres hommes. J'entends, par sa beauté seulement, car elle était vertueuse autant par nature que par timidité. C'était une personne admirable de tous points et jouant à merveille de divers instruments de musique dont aucun, Dieu merci, n'était ce fâcheux piano que nous allons enfin voir imposé par nos benoits législateurs. Chaque fois que le belliqueux souverain partait pour quelque campagne, il avait coutume de confier sa femme à son premier ministre.

Mais, quelque gardien scrupuleux de la vertu de Sadina qu'eût été celui-ci, Mahmoud-Shah n'avait jamais manqué de lui faire trancher la tête à son retour, estimant qu'un homme, mis au contact d'un pareil trésor, devait être, toujours, au moins coupable de quelque mauvaise pensée. Cette méthode avait cela de bon que les fonctions de premier ministre, j'entends chef de cabinet, étaient compétitionnées beaucoup moins scandaleusement qu'en France et qu'on n'assistait pas, en Perse, à ces courses au portefeuille qui sont une des hontes de notre glorieux pays. La médaille avait un revers qui rendait prudents les plus ambitieux.

Ce haut dignitaire était, au temps où commence mon récit, un certain Kakaoli, bureaucrate habile et consciencieux, protectionniste expert en matière de taxes, doué de l'art supérieur de parler sans rien dire, n'ayant qu'un défaut, en réalité, pour son emploi : celui de tenir démesurément à la vie. Ah ! ce que celui-là était pour une politique pacifique, je vous laisse à le penser. Ce n'est pas lui qui poussait le pays dans les aventures coloniales pour arriver un jour à la présidence du Sénat ! C'était vraiment le conseiller intime qu'eût pu rêver l'excellent roi d'Yvetot. Aussi Mahmoud-Shah n'y tenait que parce que ce débonnaire dignitaire n'avait pas son pareil pour pressurer le peuple et inonder de centimes additionnels un budget que compromettaient souvent les luxueuses fantaisies de la princesse Sadina.

Je vous jure que ce doux Kakaoli fit une vraie grimace de singe avalant une pilule (l'image est de Rabelais mon maître) quand son gracieux souverain lui annonça, un jour, qu'il s'en allait conquérir un bout de terrain en Mongolie et allait filer dans ce but, à l'anglaise, j'entends pour établir chez un peuple ami un protectorat d'où il retirerait beaucoup de bénéfices sans trop faire crier ses voisins. Que voulez-vous? L'ordre ne régnait qu'imparfaitement dans cette terre et c'était le devoir de Mahmoud-Shah d'aller le rétablir en y fourrant de bonnes garnisons persanes qui n'en bougeraient plus désormais.

— Je te confie, — ce privilège t'appartient, — la princesse, lui dit affectueusement Mahmoud-Shah.

— Sire, c'est trop de bonté.

— Non! mon fidèle Kakaoli. Nous causerons au retour.

Kakaoli était littéralement pétrifié!

Comment rendre tout soupçon impossible à son auguste patron? Il passa une bien mauvaise nuit pendant que Mahmoud en passait une excellente, en attendant l'aurore qui devait le voir franchir les portes de la ville, en tête de son armée, sous la caresse du soleil allumant, à l'acier des casques, ses premières clartés. Car ce bon mari ne quittait jamais sa femme sans lui faire une avance considérable de conjugales tendresses, si bien que sa comptabilité se retrouvait à jour, si longtemps que durât son absence.

— *Eurêka!* s'écria-t-il, après de longues heures

d'insomnie. Mais une mélancolie profonde et inconnue à Archimède était dans cet *Eurèka*.

III

Les fanfares sonnaient encore dans l'écho ; sur les pas de l'armée ayant franchi les dernières enceintes, un nuage de poussière s'empourprait aux clartés rouges de l'Orient. C'était, dans la campagne, un grand piétinement de chevaux hennissants, une clameur impatiente d'hommes ardents au combat, un cliquetis d'armures luisantes au soleil. Le prince conquérant, monté sur une bête superbe et blanche comme la neige, semblait voler devant le front de ses troupes ou en aiguillonner les ailes, tant il se multipliait pour leur communiquer son héroïque fièvre. C'était un spectacle admirable, en vérité, et on sentait là passer dans l'air, comme un prélude glorieux, le souffle des prochaines victoires.

Durant ce temps, la belle Sadina pleurait sur son beau lit de soie brodée, échevelée sur la couche tiède encore du corps de l'absent, toute frissonnante des caresses envolées, maudissant l'humeur guerrière d'un prince si bien fait pour les tranquilles douceurs de l'amour ! Il était convenu que le ministre chargé de sa garde respecterait les premiers instants de douleur et ne se présenterait à elle que plusieurs heures après que le dernier soldat aurait laissé se refermer lourdement, sur ses pas, les portes de la cité veuve de défenseurs.

— Je n'ai pas de temps à perdre ! pensa Kakaoli.

Le défilé dans les rues était encore dans son plein quand le notaire Togrul, titulaire d'une des plus importantes études, vit arriver, longtemps avant l'ouverture de ses bureaux, — d'autant que tous ses petits clercs couraient après la musique, en compagnie de tous les polissons de la ville — Kakaoli escorté du chirurgien Malek et de l'apothicaire Nénuphar, renommé pour son habileté dans l'art d'embaumer les pièces anatomiques et d'empailler les serpents, professeur au muséum de la localité. Le premier ministre tenait, sous son bras, une petite cassette d'or, d'un très riche travail et avait l'air absolument défait d'un homme qui vient de passer un bien mauvais moment.

— Je viens déposer un cautionnement entre vos mains, monsieur le notaire, fit-il.

Et sa voix était devenue d'un argentin si aigrelet que les serins du notaire, encagés dans un rayon de soleil, se mirent à faire : *Cuc! cuic! cuic!* comme si c'eût été un de leurs congénères ailés qui eût commencé de chanter.

— Ces messieurs me serviront de témoins, continua Kakaoli. Vous voudrez bien apposer les scellés et constater, sur un parchemin authentique, l'heure exacte de la mise en bière... non! de la remise de l'objet.

— *Cuic! cuic! cuic! cuic! cuic!* répondirent les serins, croyant décidément avoir affaire à un camarade.

Le notaire accomplit cérémonieusement les formalités requises et mit sous clef le précieux coffret.

IV

Deux mois sont passés. L'apothicaire Nénuphar est devenu fou. Dans la composition de ses produits conservateurs n'a-t-il pas laissé se glisser une matière tellement astringente que les morts de six pieds qu'il embaumait devenaient longs comme des nains de quelques pouces! D'un boa constrictor il vous faisait un simple lombric en moins de rien. On l'avait fichu à la porte du Muséum et enlevé sa chaire à l'Ecole de pharmacie.

Zing! Balaboum! Boûm! Boûm! C'est le glorieux Mahmoud-Shah qui revient dans la ville sainte. En allant le recevoir aux portes, Kakaoli, toujours pâle comme un rayon de lune, mais rondelet déjà comme une femme enceinte, lui remet, sans perdre une seule minute, le précieux coffret que lui a rendu le notaire Togrul et supplie son royal maître de parcourir le parchemin accompagnant ledit coffret. Mahmoud fait d'abord, en suivant des yeux l'écriture, une grimace d'étonnement, que suivit une grimace de satisfaction. Il brise les scellés vivement et ouvre la boîte. Alors un éclat de rire terrible le prend. « Un microscope! une loupe! » demanda-t-il à grands cris. Puis toujours s'esclaffant, et se tournant enfin vers Kakaoli interloqué :

— Ma foi! mon brave, lui dit-il, ce n'était pas la peine!

Le lendemain, toutes les dames de la cour se montraient Kakaoli du doigt, en étouffant de petits accès d'hilarité. Quand il voulut présider le cabinet, tous ses collègues lui firent de mauvaises plaisanteries, lui offrant d'un air narquois des allumettes ou de petits fétus de paille. La position devint intenable et il dut rendre son portefeuille. Par une suprême ironie du destin, il en tomba un cure-dents.

SAINTES MAXIMES

SAINTES MAXIMES

I

English spoken. Tout le monde devrait parler anglais dans cette histoire. Car je vous conduis, avant même l'ouverture de l'Exposition de Chicago, dans cette belle Amérique où le culte évangélique fleurit, auprès du ménage Jackson, où la Bible est tenue en grand honneur, comme il convient en la maison d'un révérend. Du pasteur lui-même je ne vous dirai rien, sinon qu'il ressemblait à une asperge qu'on sortirait d'un encrier. Un tel portrait n'a rien pour séduire. Mais je vous veux ébaucher celui d'Eva, sa femme, que, pour ma part, j'eusse aimé infiniment mieux avoir au-dessus de mon lit. Blonde comme un bouleau d'automne, souriante et grassouillette à l'envi, avec des yeux bleus grésillés par le désir et une bouche un peu charnue que nous comparerons à un nid à baisers. C'était une créature visiblement ardente, parfaitement étrangère aux préoccupations philosophiques et religieuses de son mari.

Si nous pénétrons un instant dans le cabinet de travail de celui-ci, nous connaîtrons immédiatement la nature de ses méditations familières résumées fidèlement en ce monologue ponctué de soupirs :

— « Croissez et multipliez! » (c'est le révérend qui se parle à lui-même) a dit la Sainte Ecriture. Eh! mon Dieu, ne dirait-on pas qu'il n'y a qu'à vouloir pour cela! Je crois encore, à l'occasion, comme un autre de mon âge, mais quant à multiplier... bernique! Ce n'est pas que je manque de bonne volonté, non plus que ma femme, bien injustement inféconde, comme Sarah, à un âge beaucoup moins avancé. Quant à souhaiter qu'un ange ou une colombe vienne mettre fin à mon état, c'est autre chose. S'il doit y avoir miracle, j'aimerais, en principe, en être exclusivement chargé. Mais je n'en suis pas moins diablement mélancolique en pensant à la désastreuse vieillesse qui m'attend quand j'aurai cessé de croître, sans avoir multiplié jamais. Car il faut les soucis des enfants pour occuper les femmes, quand nous n'avons plus rien à leur dire en particulier. Et puis, dans notre état de pasteur, c'est une fortune que la postérité. Voyez plutôt mon animal de confrère Josuah, qui a tiré des flancs de sa femme une copieuse portée de moutards! C'est cher à élever, j'en conviens; mais voyez donc les avantages! D'abord c'est un petit noyau d'auditeurs forcés sur lesquels on essaye le pouvoir somnifère de ses sermons. Puis une sorte de respect bête, de considération stupide s'attache aux chefs des familles nombreuses, comme si, dans la nature, les animaux nuisibles n'étaient pas les plus prolifiques: exemple, la puce et le rat. J'ai même ouï dire, qu'en France, une loi nouvelle avait dégrevé d'impôts les pères de plus de sept enfants. Quand cette faveur tombe sur l'homme le plus riche d'une petite localité, cela doit être bien avantageux pour le budget municipal! Mais revenons à ce Josuah! un âne bâté! aucun talent! aucune componction! un esprit évangélique tout à fait borné. Demandez-lui un peu une homélie et vous verrez ce qu'il vous servira. N'empêche, qu'en le voyant entouré de sa marmaille, tout le monde, et les femmes surtout, lui témoignent une vénération singulière, au point que je ne puis soutenir la concurrence avec lui. Ah! les femmes, en religion! Elles sont là un tas de mijaurées qui dépensent leur avoir à gorger de bonbons un tas de petits Josuah!

Ainsi se lamentait *in petto* le révérend Jackson, cependant que sa femme Eva se frisait les papillotes. Car je vous ai dit combien celle-ci, tout en appréciant fort l'amour, était indifférente à la perpétuité de l'espèce. Je ne sais quel malotru, mais je crois bien que c'est Napoléon qui a dit que, « des enfants, il aimait surtout la façon ». Eva était complètement de cet avis. Et cependant Dieu, qui fait souvent des choses inutiles, — les jours où il travaille, par exemple, pour les artistes, — avait pris un singulier plaisir à modeler les hanches de cette insouciante personne suivant le rythme harmonieux de l'amphore antique et, si ce beau vase demeurait vide, ce n'était pas qu'il manquât, comme le cerveau du révérend Josuah, de capacité. Mais la beauté, monsieur Jackson, ne vaut-elle donc pas autant que l'utilité pour justifier toutes choses? Ainsi pensait Eva, et ainsi je pense moi-même. Et quand je rencontre une de ces femmes opulemment dotées de tout ce qu'il faut pour... écrire, le diable m'emporte si je me dis : Voilà un beau papier pour y tracer des faire-part de naissance. J'ai été bureaucrate, mais jamais à ce point-là.

— Que diable grommelez-vous, mon ami? dit madame Jackson, en entrant brusquement dans le cabinet du révérend. Est-ce votre prochaine homélie que vous vous répétez à vous-même? Ne pourriez-vous vous reposer un peu, ou du moins m'intéresser à un moins aride travail! Voici l'heure des apéritifs pour les désœuvrés. Il n'est pas convenable que vous alliez au café avec tout le monde. Mais nous en pourrions remplacer les effets par un exercice salutaire.

Et elle souriait d'une bien engageante façon.

— Plus tard! plus tard! fit le révérend avec une certaine maussaderie. J'ai une visite urgente à faire à mon confrère Josuah!

— Voudriez-vous qu'il vous remplaçât dimanche, ce qui nous permettrait d'aller à la campagne?

— Il s'agit bien de cela, madame Jackson! Si je vais trouver ce prolifique imbécile, c'est pour lui demander enfin — car je n'y tiens plus — sa recette pour faire tant de petits chrétiens à son mage. C'est tout à fait urgent, car vous savez, ma mie, que je pars demain pour une série de prédications et je ne serais pas fâché de vous laisser, avant de partir, un gage positif de ma tendresse.

— Vous êtes bien bon, dit Eva, en haussant légèrement les épaules.

II

On se coucha de bonne heure. Le révérend Jackson devait partir dès le matin. Eva insista beaucoup sur ce point pour faire la soirée plus courte. Nous retrouverons donc nos deux époux dans leur lit.

Que l'innocence inhérente à tout ce que font les gens légitimement unis est donc une belle chose! Car, entre autres beautés plastiques et sociales, le mariage a ce privilège enviable que tout ce qui serait inconvenant entre deux amants devient éminemment édifiant et congru entre époux. Et je le comparerais volontiers, pour cette vertu, à cette belle sauce brune, très estimée de tous ceux qui n'entendent rien à la cuisine, laquelle, chez les restaurateurs en renom, dissimule sous un parfum de truffes vague la saveur douteuse des viandes réchauffées et des graisses bouillies. Je n'éprouve donc aucun embarras à vous conduire dans la chambre nuptiale dont la coquetterie naturelle d'Eva a fait le plus délicieux nid d'amour honnête — et même malhonnête — qu'on puisse rêver. Car nous n'avons pas vraiment le droit, nous autres simples concubins, d'être plus difficiles que les légitimes époux. Et notez que madame Jackson a fait les choses dans un esprit parfait de régularité et d'orthodoxie. Elle a, suivant l'usage pieux de messieurs les pasteurs, fait inscrire aux murailles de bibliques versets et d'évangéliques conseils. Mais elle les a choisis dans une gamme aimable et souriante. C'est ainsi qu'au-dessus du lit coquet et voluptueux, comme pour les tendresses de Pâris et d'Hélène, on lit ce sage précepte :

FAIS LE BIEN TOUS LES JOURS

A l'heure où nous surprenons la matrimoniale causerie des époux Jackson, ils sont couchés depuis peu de temps seulement, mais la veilleuse de verre dépoli d'un violet tendre pendue au plafond les enveloppe, eux et tout ce que contient la pièce, d'une lumière troublante d'opale et d'améthyste pâle fort incitante aux douces rêveries. C'était le moment de croître, pour Jackson, sinon de multiplier.

— Ah ! mon Dieu, mon ami ! Seriez-vous souffrant? s'écria Eva, tout à coup, sur le ton du plus sincère désespoir.

— Non, ma chérie, un instant seulement encore.

Un joli petit grognement de femme colère et désappointée retentit dans le silence conjugal. Puis, un peu plus tard :

— Me direz-vous maintenant, monsieur, reprend la voix d'Eva singulièrement vibrante, ce qui vous a pris tout à l'heure.

— Certainement, madame Jackson. J'ai su tirer les vers du nez de cet imbécile de Josuah, — ce qui est plus facile que de lui tirer les vers d'un beau cantique — et je sais maintenant un secret pour avoir des enfants à couches que veux-tu !

— Vraiment ! Et cette belle recette?

— Ma piété aurait dû me la faire deviner depuis longtemps. Elle consiste simplement à sanctifier l'acte par une courte prière préparatoire. Car nous devons offrir à Dieu aussi bien nos joies que nos douleurs. Comme je n'en avais pas l'habitude, j'ai un peu ânonné tout à l'heure. Mais ça viendra mieux une autre fois. Me pardonnez-vous maintenant?

— Je vous admire ! répondit sèchement Eva.

III

Huit jours de prédication *extra-muros* et voici notre révérend Jackson revenu, absolument impatient de revoir Eva. D'autant plus qu'il est revenu bredouille, les âmes se dérobant volontiers dans ce siècle positif. Mais une heure d'amour conjugal l'aura bien vite consolé d'avoir raté dehors. Cependant Eva le reçoit avec une froideur presque cérémonieuse. Aussitôt la nuit venue, il l'entraîne, lestée par un excellent dîner arrosé de vins de France, dans la chambre des consolations. Mais il trouve celle-ci toute changée. A la veilleuse a succédé une lampe de cuivre poli ressemblant fort à celles des sanctuaires. C'est des cierges authentiques qui y brûlent et une fade odeur de sacristie a succédé aux parfums féminins qui le grisaient autrefois dans la pièce d'où toutes les coquetteries ont disparu pour faire place à des meubles componctueux comme des prie-Dieu. Le lit même, Dieu me damne! le cher lit où tant de baisers avaient retenti dans les nuits silencieuses, n'est plus qu'un cadre de bois austère comme une couchette monastique. Fort désappointé, le révérend Jackson s'y étend cependant dans la meilleure intention du monde. Eva l'y suit et, un instant après, on peut l'entendre dire à son époux : « Vous me pardonnerez, mon ami ! si j'ânonne un peu. Mais je n'en ai pas encore l'habitude », et, d'un doigt moqueur, elle lui montrait l'inscription nouvelle posée au-dessus de la couche transformée en oratoire :

« Priez chacun à votre tour. »

UN PEU POUR CHACUN

UN PEU POUR CHACUN

I

Suum cuique. C'est un très aimable Brésilien qui m'a conté cette histoire et, pour rien au monde, je ne voudrais priver son pays de l'honneur d'en avoir été le décor. A un moment d'ailleurs où notre magistrature française, épurée à l'instar des meilleures huiles, étincelle d'un tel éclat, il faudrait être un malséant pour insinuer qu'il s'y est trouvé jamais un juge capable d'être influencé par l'espoir d'un avancement ou par la beauté d'une femme.

Tous de petits Lamoignons, dans notre chancellerie nationale. Nos chats fourrés — comme les appelait mon doux Rabelais que n'aime pas assez Catulle — le sont uniquement d'horreur du crime et d'amour de la justice. Ils en sont même farcis, surtout en ce temps de Noël. La chose se passait donc au Brésil, par delà les mers. Je connais mal le pays. Je n'en ai même connu que le roi, l'excellent dom Pedro, qui me paraissait aimer infiniment mieux la France et la société de notre ami commun Angelo Mariani, dit le cocaïfère ou le grand réparateur, que celle de ses propres compatriotes. Il est vrai que, si j'en crois cette aventure, tous ne sont pas propres également. Tandis que nous... hein ! j'allais dire une bêtise ! Je vais la prêter à Brunetière pour son prochain article.

Donc le Brésilien — et pas du tout du Théâtre du Palais-Royal — Pépé Sanchez avait un procès et une jolie femme. S'il avait voulu garder le premier et me passer la seconde, nous aurions pu nous entendre. Mais le cumulard gardait le tout. L'idée de perdre son proces ou sa femme lui était également désagréable. Il semblait cependant qu'il n'eût que l'embarras du choix.

En effet, le juge Alvar Cornaro, dit le Bien-Nommé, passait pour absolument intègre, ou à peu près, au point de vue de l'argent, mais pour éminemment corruptible par les charmes féminins. Alvar Cornaro avait deux raisons pour cela. D'abord il aimait naturellement le sexe, et ce n'est pas moi qui le lui reprocherai. Et puis, ayant été remarquablement cocu et l'étant encore, il aimait à répandre son mal autour de lui, comme une épidémie. Aussi contentait-il à la fois ses goûts originels et se vengeait-il de la société. Il entretenait dans de savants bouillons — ceux mêmes de sa large culotte — le bacille cornifère dont il avait été si véhémentement empoisonné, et en vaccinait volontiers tous les maris dont il avait à juger les causes. Vous verrez que ce goût pour les plaisirs infectieux devait finir par lui jouer un assez mauvais tour. Vous en jugerez. Moi, je narre.

Quand Pépé Sanchez fut mis au courant de cela et apprit que, pour gagner son procès, il lui faudrait se laisser injecter le fatal microbe, dans la personne de sa plus belle moitié, il fit un nez long comme le pont des Arts, comme pour montrer à Dieu qu'il n'avait besoin d'aucun supplément superficiel. Mais je t'en moque ! Dieu était en train de fourrer la lune dans un placard du Paradis pour qu'on ne pût pas la faire descendre, comme il en est question dans les observatoires, à deux mètres de la Terre. Pépé Sanchez en fut pour son nez.

Alors il se frotta le front pour en faire sortir autre chose que des bois et couper le gazon sous le pied, à ceux-ci. L'image ne me semble pas vilaine. Le pied des bois a été employé déjà en littérature. Quant au gazon — synonyme de cheveux — une locution populaire est là pour excuser mon audace. De ce nouvel exercice jaillit tout simplement un trait de génie. Le juge Alvar Cornaro, dit le Bien-Nommé, ne connaissait pas madame Pépé Sanchez. L'adroit mari substituerait à celle-ci, dans les démarches compromettantes, une fausse madame Pépé

Sanchez et ne serait déshonoré qu'en effigie, en une expérience *in animâ vili* qui ne compromettrait en rien son honneur. Comme le juge Alvar Cornaro ne travaille que dans l'adultère bourgeois et les ménages réguliers, — le sybarite! — pas plus et moins encore que madame Pépé Sanchez, il ne connaissait les cocottes de la ville. La chose n'était donc que relativement difficile. Par prudence toutefois, notre précieux Pépé choisit dans la cocotterie citadine une personne ressemblant de tournure à sa femme et pria celle-ci, qui était sa complice, de donner à cette créature quelques notions de bonne tenue devant un homme de loi. Lola Pataquès, cette hétaïre brésilienne, ne manquait pas d'intelligence. Elle profita fort habilement de la ressemblance fortuite et des leçons volontaires. Un peu plus, et Pepé lui-même aurait pu s'y tromper.

Quand donc, étant venu recommander une première fois, et pour la forme, son procès à don Alvar, celui-ci lui eût dit, entre chat et loup (car un chien n'avait rien à faire ici) : « Il faudrait que j'en causasse avec madame Sanchez. — Nous nous ferons un plaisir de vous l'envoyer demain! » avait répondu, sans sourciller, Pépé, et en saluant à faire un courant d'air dans ses chausses.

Et le lendemain, à l'heure convenue, il vous expédiait chez le magistrat la jolie Lola Pataquès parée — comme une victime pour le sacrifice — des plus seyants ajustements de sa Sosie vertueuse.

— Si je perds jamais ma femme!... avait pensé tout bas ce gredin de Pépé.

II

Rarement le juge Alvar Cornaro, dit le Bien-Nommé, avait trouvé une occasion plus agréable de prévariquer dans l'exercice de ses fonctions. J'ai dit, en effet, que Lola était charmante et, du même coup, je ferai le portrait de madame Pépé Sanchez, puisqu'elles étaient arrivées à se ressembler si bien. Une belle coulée de sang espagnol sous une peau légèrement teintée d'orange, avec des transparences d'ambre où semblaient courir les chaleurs mêmes de la vie ; un coup de pinceau noir barrant le front et s'échevelant au chignon, d'un noir bleu où des filons de lapis-lazuli passent dans l'ombre de la trame ; deux charbons avec une pointe de braise sous le double éventail des cils toujours palpitants en une ondulation voluptueuse; le nez de la belle Fatma qui ne se devrait moucher qu'avec un mouchoir tissé de fils de la Vierge ; une bouche délicieusement en... œil de poule, ressemblant infiniment plus à une mûre ouverte qu'à un arc qui se détend ; un ovale de visage comme les poursuivait le crayon divin de Raphaël, en mille tâtonnements délicieux ; le cou triomphalement planté en deux épaules dodues et ponctuées de fossettes ; des seins où il eût été plus agréable de se casser le nez qu'à la porte d'un ministre ; des hanches abondantes, impertinentes, provocantes, toujours insensiblement remuées d'un rythme aux pénétrantes caresses... Eh !

eh ! croyez-vous que don Alvar dut s'embêter beaucoup en compagnie de tout cela !

Ah ! la cause de Pépé Sanchez était détestable. Mais la belle Lola la défendit avec une telle chaleur — trop de chaleur même, comme on l'insinuera plus tard — qu'il n'est pas de canaille à qui un pareil avocat n'eût obtenu gain de cause. Très habilement le magistrat feignit d'hésiter longtemps avant de se rendre. Il lui plut de forcer la défense à accumuler les arguments, à multiplier les péripéties, à faire d'énormes frais d'éloquence.

Mais enfin il finit par être convaincu et par en convenir avec une loyauté parfaite.

Il tendit sa main grassouillette d'homme de loi à Lola en lui disant : « Madame Sanchez, vous avez ma parole et, bien qu'il soit manifestement dans son tort, j'accorderai à votre mari des dommages-intérêts considérables et flétrirai la partie adverse jusque dans sa future postérité. Voulez-vous que je fasse pourrir tous ces gens-là en prison ? Eh bien ! encore un petit becco ! » (N'oublions pas que nous sommes au Brésil.)

— Je ne vous en demande pas tant, répondit doucement Lola qui était une bonne personne. Vous aurez le petit becco, mon bon magistrat, mais en échange d'autre chose.

— Quoi donc, ma chère madame Sanchez ?

Et Lola lui montra un magnifique diamant qu'il portait à son doigt replet comme un chipolata.

— Hum ! fit don Alvar qui tenait beaucoup à cette pierrerie. Mais le souvenir des plaisirs qu'il venait de goûter était trop vif encore pour qu'il pût résister à un désir de celle qui les lui avait si généreusement donnés. Que dirait madame Cornaro à qui il l'avait promise, cette bague, quand il mourrait? Bah! Elle l'avait fait assez cocu pour qu'il n'eût aucun scrupule vis-à-vis d'elle. Lentement, avec une componction comique, il retira l'anneau et le tendit à Lola qui poussa un petit cri de joie.

— Je n'ai rien à vous refuser, belle madame Sanchez, fit le juge en soupirant. Mais ne craignez-vous pas que votre mari témoigne quelque mécontentement?

— Il aurait trop à faire, répondit étourdiment Lola.

Et en lui-même le juge pensa: Ce Pépé Sanchez me fait l'effet d'un assez sale monsieur.

Et le becco fut accordé, large et sonnant, « avec la saveur en la bouche », comme disait notre Ronsard. Et Lola quitta enfin ce qu'il convient d'appeler, plus que jamais: le lit de justice.

III

Huit jours après, madame Sanchez dit à son mari:

— Pépé, vous devriez vraiment aller remercier ce juge. Car son arrêt vous enrichit et réduit votre adversaire à la pure mendicité. Etant donné que vous avez tort, on ne peut vraiment exiger davantage.

— Vous avez raison, ma mie, répondit Pépé,

bien qu'il me gêne un peu de me trouver devant lui, sachant ce qu'il croit de moi !

Et il se jeta sur l'épaule un petit manteau à collet couleur noisette, qui lui donnait l'air joyeux d'un hanneton par un beau soir d'avril.

Il trouva don Alvar Cornaro emmitouflé, soucieux, et prenant, avec une répugnance risible, une tisane aux aromes dépuratifs. Quand il se fut nommé et eut balbutié le motif gracieux de sa visite, le magistrat l'arrêta net et lui dit avec une politesse froide où perçait une pointe d'ironie :

— Vous n'avez pas à me remercier, monsieur Sanchez. Nous avons, tous les trois, gagné quelque chose à cette affaire : vous, votre procès; votre femme un beau diamant, et moi..... ce dont surtout on peut dire, avec le poète :

> La façon de donner vaut mieux que ce qu'on donne.

N'oublions pas que nous sommes au Brésil.

PETS DE NONNES

PETS DE NONNES

A mon ami Henri Cain.

I

Je lis dans un excellent écrivain qui, de plus, était un érudit : « Depuis dix ans, le capiscote réclamait de Benoîte un plat de ces beignets délicats que le dix-huitième siècle avait si impudemment nommés *Pets de nonnes.* » Je n'entends, morbleu! pas être aussi bégueule que Benoîte et je vous en vais servir, tout au moins, une grande assiette. Cet entremets aérien excelle à pousser devant lui le boudin de Noël et l'oie légendaire qui se mangent en cette saison pour honorer le Dieu qui naquit dans une étable. Cette piété gastronomique, étant la seule qui demeure dans le peuple, a droit à tous nos respects. Les anciens brûlaient de l'encens aux pieds des Dieux. Nous, nous envoyons au nôtre des fumets de charcuterie et de volaille que nous avons précédemment mangées pour notre agrément. C'est faire d'une pierre deux coups et l'on n'est pas plus économiquement religieux. C'est tout à fait l'*utile dulci* que recommande le poète antique.

J'ai fait cette citation pour en finir avec l'orthographe ridicule des timorés qui veulent qu'on écrive: *Paix de nonnes*, en souvenir de je ne sais quelle réconciliation imaginaire dont les gages avaient été de la pâtisserie. Où diable imagination va-t-elle se nicher? Mais regardez donc la forme boursouflée de l'objet, laquelle évoque immédiatement l'image riante d'un enfant d'Eole emprisonné dans des langes, figé dans un cercueil de pâte et de sucre avant d'avoir eu le loisir d'exhaler son souffle léger. Vous ne les voyez pas toutes d'ici, les affriolantes nonnains, proches parentes des immortelles religieuses de Poissy qu'illustra Honoré de Balzac, dans un de ses contes drolatiques, s'alignant le long d'une poêle immense, dos tourné et un pipeau plongé dans la friture qui rissole avec un bruit de cantique?... Oh! les jolis petits joufflus qui se divertissent à ce jeu culinaire, les joues gonflées comme des pasteurs de Théocrite essayant de fléchir, par la douceur des flûtes, les Amaryllis et les Glycères! Des bruits sournois s'étouffent dans la graisse bouillante et les beaux éclats de rire passent en éclairs, sur les dents blanches. Les petits aérostats à peine lancés dans la chaude haleine de la poêle y surnagent et courent d'un bord à l'autre aux caprices d'une boussole mystérieuse. Ils se heurtent en s'essoufflant comme les petits vaisseaux des enfants sur les bassins des Tuileries. Tout le couvent est en liesse. On institue un concours et celle qui a le mieux empli son savoureux ballon est nommée abbesse tout un jour. Je vous dis que c'est un tableau de sainteté délicieux et dont l'esprit n'offense aucune croyance. Car ne me croyez pas des ennemis de ces personnes cloîtrées. Je ne suis pas pour la légende antimonacale dont vivent, depuis un siècle déjà, les libres penseurs sans talent, mais pour la fable charmante des béguines d'antan, pleines de regrets du monde, facilement hospitalières aux audaces du comte Ory, vertueuses avec cela, et chantant d'une voix fraîche, comme des voix d'oiseaux en cage, les beaux versets de *Matines* et les poétiques paroles de l'*Angélus*. Dire du mal de ces demoiselles-là ! Allons donc ! C'est avec une tendresse réservée, au contraire, que j'évoquerai, en ce récit, leur fantôme grassouillet tout enveloppé de voiles : visage encadré de lin et dont le jeune sourire se met à grand'peine à l'unisson des modesties voulues du regard, corps rondelet perdu dans l'abondance des étoffes, mais cependant trahi, en ses savoureuses abondances, par leur légèreté ; gestes onctueux tout empreints néanmoins de féminité provocatrice. Fleurs de serre dont le moindre souffle est un parfum !

II

Tenez ! cette sœur Irénée, dont je vous veux conter l'aventure, ne méritait-elle pas l'estime du couvent tout entier et même celle de l'univers en ses multiples manifestations astronomiques ?... Car on parle de nous aussi dans les étoiles, et les scandales du Panama ont un grand retentissement dans la Lune, où une Compagnie de farceurs perce également des isthmes dans la bourse des gogos, isthmes qui s'appellent communément : trous dans la Lune. Les feux intérieurs dont elle était brûlée, malgré les rafraîchissantes austérités qu'elle prodiguait pour les éteindre, n'avaient pas été allumés par elle. Ce n'était pas, fichtre, sa faute, si l'imprévoyante Nature ne l'avait pas vouée par destination aux privations inhérentes à son état. Elle n'en avait qu'un plus grand mérite à lutter contre les embûches secrètes des démons. Est-ce que la grande renommée de saint Antoine ne lui vint pas d'avoir traversé la tentation ? Encore saint Antoine s'était-il mis à deux pour venir à bout de cette rude besogne. Mais sœur Irénée n'avait pas le moindre petit cochon sur elle. Tout au contraire un petit animal très mauvais conseiller en ses félines aspirations. Le jeûne — d'autant plus cruel qu'on faisait admirablement la pénitence dans le couvent ; — la prière d'autant plus agréable au ciel que notre nonnain chantait comme Emma Calvé elle-même ; — la flagellation d'autant plus terrible que le fouet tombait sur les chairs les plus délicatement potelées du monde, étaient les seules armes dans le combat où se disputait à l'enfer le salut de sa belle âme. Et sœur Irénée jeûnait, priait et fouettait avec toutes les ardeurs transformées d'un tempérament déçu, sans pouvoir cependant chasser de ses yeux, comme de son cerveau, les riantes images du baiser défendu et des caresses interdites, sans cesser de pressentir, dans l'inconnu que le cloître fermait autour d'elle, des joies coupables et délicieuses, des amours toutes charnelles, essentiellement périssables, mais valant tout de même une éternité. Pauvre nonnain ! Laissons aux graveleux dont la vessie est encombrée, le ridicule soin de lui jeter des pierres.

Le ciel, qui passe à Vichy toute l'année, ce qui explique pourquoi les bolides sont aussi rares, préféra de beaucoup lui envoyer une apparition. Il lui dépêcha un ange, par une belle nuit, un ange spécialiste particulièrement chargé de récompenser par des miracles les longues chastetés. Rêvait-elle ou non ? Mon savant camarade de Rochas, pour qui ces mystérieux états de l'esprit n'ont pas de secrets, vous le dira mieux que moi. Ce qui est certain, bien que sans doute absolument faux d'ailleurs, c'est que ce séraphin habile, dont les ailes d'un violet tendre, et transparentes comme des mousselines, avaient traversé l'air d'un son de harpe et d'un parfum de cinname, vint s'abattre au pied du lit blanc de la nonnain, nid de neige où une pointe de braise était enfouie, et lui tint ce discours, debout dans une auréole d'azur et d'or, comme on n'en a jamais vu pousser autour des fronts de nos orateurs politiques.

— « Tu brûles de connaître, lui dit-il d'une voix entièrement perchée sur la chanterelle et exprimant, à ravir, l'état d'insensualité naturelle de ces purs esprits, les extases des terrestres amants et nous te rendons là-haut la justice de n'avoir pas pris le chemin banal qui y mène communément — en quoi tu as fait acte de nature distinguée. Car nous nous intéressons aux chercheurs passionnels, nous autres conseillers du Très-Haut et musiciens ordinaires des concerts paradisiaques, et nous avons résolu, en commission tenue secrète, ce qui a bien ses avantages, de faire une exception, pour toi, aux règles dont se contentent les vulgaires mortels. Tu les connaîtras, ces extases, sans avoir recours aux vilenies de la chair et par la seule puissance d'un mot qu'il te suffira de prononcer pour les faire naître en ta personne, sans que celle-ci ait à subir aucune souillure étrangère. Ce mot, garde de l'oublier, c'est *Pan!* Il rappelle le nom d'un dieu païen à qui nous avons donné l'hospitalité, à cause de sa belle humeur, et qui présidait à la repopulation de son temps.

» Comme il n'est pas cependant, ici-bas, de délices qui ne doivent finir, je te vais enseigner un autre mot qu'il ne faudra pas oublier davantage, celui qui, seul, pourra t'arracher aux mystérieuses manifestations du prodige dont tu es appelée à bénéficier, par une faveur très spéciale du Seigneur. Ce mot, c'est : *Prout!* J'ai dit et je m'en retourne aux voûtes célestes, parce qu'on respire ici une odeur de boudin qui me lève le cœur... non point dans le couvent même, mais alentour où les paysans se gaudissent autour de leurs cochons assassinés. Ah! que des beignets avec une pointe de kirsch et de vanille réjouiraient mieux les narines de Jehovah! »

Et, rouvrant le double éventail d'améthyste fluide qui lui servait d'aile, l'ange traversa, de nouveau, l'air, d'un délicieux pizzicato de viole et d'une odeur enivrante de myrrhe.

III

— Qu'avez-vous, ma chère sœur? Êtes-vous indisposée? Faut-il appeler notre mère?

— Non! non! gardez-vous-en bien, exhala sœur Irénée en un soupir étrangement vibrant.

— Mais qu'est-ce qui vous bouleverse ainsi?

— Rien! j'ai dit : *Pan!*

— Pan? répéta innocemment sœur Ildefonse.

Mais elle n'eut pas prononcé plus tôt le mot fatal qu'elle tomba dans les mêmes hypnotismes voluptueux.

Alors sœur Pétronille accourut.

— Qu'est-ce donc? dit-elle.

— J'ai dit : *Pan!*

— Pan? demanda sœur Pétronille.

Ah! misère... En voilà une autre qu'affole de même cette malencontreuse exclamation.

Que vous dirai-je? Une heure après, toutes les

nonnains avaient prononcé ce dangereux vocable et l'ange qui avait causé tout ce désordre devait se tordre là-haut sur son pupitre. Car vous savez que les étoiles sont tout simplement de petites lanternes sourdes qui servent, aux musiciens de l'orchestre céleste, à éclairer leurs parties, quand le théâtre de la Nature est dans l'obscurité, et, de temps en temps, quand ils comptent des mesures, ils les tournent vers nous pour s'amuser de nos sottises. Les solistes ont de véritables lampes électriques que nos savants, en véritables bourriques qu'ils sont, appellent des planètes.

Le confesseur de la maison fut mandé, frère Lubricien qui, ayant répété *Pan* à son tour, entra dans la danse, ce qui en augmentait considérablement le péril... Il était temps que sœur Irénée prononçât le *Prout!* libérateur qui devait chasser le malin esprit. Fort à point il lui revint en mémoire et sortit très distinct, sans qu'elle ait eu pour cela besoin de remuer les lèvres. A peine fut-elle sauvée que ses compagnes eurent recours au même système pour rompre le charme. Un feu à volonté retentit dans l'enceinte pieuse du dortoir. Celui de madame la supérieure éteignit net toutes les veilleuses, mais sans faire cesser la petite guerre. Au contraire, la fusillade n'en marcha qu'avec un entrain plus grand. Frère Lubricien recourut, lui, à une véritable canonnade dont tout un pan de vitraux fut brisé. Mais le charme était vaincu. La paix rentrait dans le chaste asile. On entonna le *Te Deum* par un autre bout et on brûla de l'encens, ce qui n'était pas de trop, les veilleuses, comme les hommes, ayant une assez mauvaise haleine quand elles rendent le dernier soupir.

Il fallait à ce double miracle quelque chose de commémoratif. Ce fut sœur Irénée qui le trouva, se souvenant de ce que lui avait dit l'ange avant de la quitter. Comme en de savoureux reliquaires, les *prouts* libérateurs furent enfermés en des beignets que les sœurs mangèrent dorénavant, à la Noël, au lieu de se gonfler de tripes de porc. Et, si vous m'en voulez croire, vous ferez comme elles, cette année. C'est une mode pieuse qui ne peut que réconforter les âmes en ce temps de défaillance. On fera, pour les libres penseurs, des *pets de nonnes* laïques, afin que cette culinaire joie ne soit pas troublée, comme tout le reste, par nos dissensions politiques. Celui de frère Lubricien sera conservé pour les banquets d'anarchistes et remplacera avantageusement les soupes-conférences, au double point de vue de l'éloquence et du goût.

LE KOUTSI-FAKATA

LE KOUTSI-FAKATA

I

En cette ennuyeuse semaine où les petits cadeaux entretiennent peut-être l'amitié, mais vident certainement la bourse, on ne saurait trop prémunir les donateurs contre certaines surprises et c'est le but que je me propose en ce récit. Nous finissons assez misérablement une année bien commencée, et par certains points glorieuse, pour ne pas ajouter de petits ennuis personnels à la mélancolie générale. Choisissez avec soin les présents que vous faites. Ne donnez pas aux petits enfants des carnets de chèques, mais des soldats de plomb. Ne leur montrez que des militaires. C'est tout ce qui reste de propre aujourd'hui. Mes yeux, à moi, ne tolèrent plus que l'uniforme et je me console de Paris en regardant les images où est écrite l'héroïque légende du Dahomey.

On ne s'instruit que d'expérience et mon aventure remonte à l'an passé. *Et nunc erudimini*, vous qui donnez des étrennes aux dames.

C'est en rentrant dans le salon, après avoir reconduit madame Chaton du Trécour, que la jolie madame Rodamour aperçut sur la table, au milieu des sacs de marrons éventrés, des pralines grignotées, et des boîtes de fondants ouvertes aux rubans bleus ou roses dénoués, un paquet soigneusement enveloppé qu'elle n'avait pas remarqué encore. Elle en fit tomber les papiers divers de fil et de soie qui en dissimulaient la nature et découvrit un vase de porcelaine d'une forme singulière et d'apparence presque rustique, mais d'une décoration orientale extrêmement bizarre, remarquable surtout par l'usure de son orifice; dans le vase, quelques crottes... de chocolat à la vanille mises là évidemment pour obéir à l'usage. Car le présent devait résider certainement dans la curieuse bonbonnière où elles étaient présentées.

Je vous crois, madame! Vous aviez tout simplement sous vos beaux yeux un *Koutsi Fakata* authentique, un de ces merveilleux produits du célèbre potier japonais Katosiro-Ouye-Moy, qui vécut sous Syonn-Tok, vers 1220, décoré de *outas*, j'entends petites pièces de cinq vers jouant au Japon le rôle de notre sonnet, composées par des poètes du même âge, ce qui constitue une antiquité de premier choix et comme le musée Guimet en possède seul.

Mais madame Rodamour était mal érudite en bibelots précieux. Plus étonnée que charmée, elle sonna sa bonne et l'interrogea sur la provenance de cet étrange objet. Un commissionnaire l'avait apporté sans dire de quelle part il venait, mais aussi sans la moindre hésitation, ce qui prouve qu'il était sûr de le remettre à son adresse.

— C'est bien! fit madame Rodamour, et, toute lasse d'avoir parlé toute la journée pour ne rien dire (heureux le temps où nos parlementaires avaient cette sagesse!), se renversa doucement dans sa causeuse, tendant ses jolis petits pieds chaussés de mules au feu qui, lui aussi, semblait mourir d'ennui d'avoir entendu tant de compliments insipides, et lançait dans l'âtre de rouges bâillements dont toute la pièce était éclairée, à moins qu'il ne traduisît son énervement par un scintillement d'électriques étincelles.

Fort jolie à regarder dans cette pose abandonnée, madame Rodamour.

Vingt-quatre ans certainement, mais sûrement pas vingt-huit. Une beauté radieuse et dans tout son éclat, non pas faite de régularité académique, mais bien de charmes sensuels ; non pas celle de Minerve, mais plutôt de quelque Grâce bâtarde d'un Dieu et d'une mortelle. Une fille de Phidias? Non. Mais une nièce de Boucher. D'une pureté suffisante à peine, les traits semblaient n'avoir de lignes que pour signaler la clarté savoureuse des chairs. Le front, un peu bas, n'était pas précisément hanté par la rêverie. La physionomie commençait aux yeux de couleur changeante et piqués d'étoiles comme un pétillement de bois sec dans l'ombre. Le nez, d'un assez beau dessin à la naissance, se terminait fort impertinemment par un bout un peu charnu qui paraissait néanmoins toujours prêt à s'envoler, battu qu'il était sans cesse par les ailes roses et vibrantes des narines. On eût dit que la bouche un peu grande avait éclaté, comme un fusil, sous la chaleur d'un baiser. Mains potelées et délicieusement épaisses à la paume, blanches et ourlées de rose par des ongles charmants. Ce qui ne se voyait pas, en elle, était la logique parfaite de ce qui se voyait. — L'avez-vous donc vu ? — Non, certes ! Et si je l'avais vu, j'aurais le bon goût de 'en pas parler. Mais ce serait bien le diable que je sois arrivé à un âge où l'on fait donner plus facilement des coups de fer à son chapeau qu'à ses cheveux, sans avoir appris le secret de ces délicieuses corrélations lavaterriennes et sondé le mystère de ces relations essentielles au bonheur de la vie.

Un célibataire de mon âge et de mon endurcissement (c'est, hélas ! au figuré que je parle) qui ne saurait pas déshabiller parfaitement une femme du regard et la décrire par soi-même, sans y avoir seulement mis (incrédulité aimable à soi-même) le petit doigt comme saint Thomas, serait une franche bourrique indigne de son état de vestale mâle. Si vous voulez parier dix mille obligations de Panama avec moi que madame Rodamour avait encore des seins abondants sans excès et fermes sans âpreté, des hanches noblement révoltées contre l'envahissement du corset, des cuisses superbes et des mollets que les cuisses eussent fait prévoir plus gros, un peu haut perchés, comme on dit, à la mousquetaire, et la malléole interne des chevilles aristocratiquement surélevée, ce qui donne à la jambe sa noblesse, je suis sûr de vous les gagner et décidé à vous les rendre. Vous voyez que vous ne risquez rien. Et j'en ai connu de plus forts que moi et qui, à cette simple inspection du visage et des mains d'une femme du monde, voire même pour celles qui n'en sont pas, vous auraient dit, par surcroît, l'âge, le caractère et la profession de son mari !

Ceux-là eussent pu vous apprendre que M. Rodamour était un avare riche, composant de la musique dans ses moments perdus et ayant, dans toutes les branches de l'art, des connaissances assez étendues.

II

— Mon ami, regardez donc ce singulier cadeau, lui dit sa femme en lui montrant le vase décrit plus haut, quand il rentra, éreinté lui-même d'avoir fait des visites.

— Admirable ! s'écria-t-il, en un véritable sursaut. Une merveille !

Car, du premier coup, il avait reconnu un *Koutsi-Fakata* authentique.

— Alors ça n'est vraisemblablement pas pour moi ! dit mélancoliquement madame Rodamour.

— Et pourquoi ça, je vous prie ?

— Parce que je ne sais d'où vient cet objet et que, s'il a vraiment une valeur, je ne vois pas qui aurait pu me l'offrir. Je vais le faire descendre chez le concierge.

— Par exemple !

— Je vous jure que le commissionnaire a dû se tromper.

— Ces gens-là ne se trompent jamais. Ils ont des médailles pour ça. Et pourquoi donc, s'il vous plaît, quelqu'un de nos amis, sachant notre goût pour les curiosités authentiques, n'aurait-il pas saisi l'occasion de nous faire une gracieuseté ?

— Ah ! parlons-en ! vous avez obligé tant de monde dans votre vie !

— Je ne jette pas, il est vrai, mon argent par les fenêtres, mais personne n'a donné plus de bons conseils que moi et c'est une monnaie qui vaut bien l'autre.

— C'est égal, malgré votre munificence, j'ai des doutes. Que peut valoir cette horreur dont l'usage originel même est douteux ?

— Dix mille francs au bas mot.

— Alors pas de doute ! je ne l'accepte pas !

— Et moi ! je vous ordonne de l'accepter. On répond mal à une aimable surprise par une malhonnêteté.

Et M. Rodamour hâta le dîner parce qu'il avait à

sortir; toute une tripotée de mains à aller serrer à son cercle.

Demeurée seule encore, madame Rodamour roula curieusement le *Koutsi-Fakata* entre ses jolis doigts, cherchant ce que peuvent bien signifier les hiéroglyphes qui le couvrent. A ce travail monotone, devant le feu rallumé, elle s'assoupit. Un bruit éclatant la réveille soudain; le vase à peine tenu par ses mains, que le sommeil a détendues, a roulé de ses genoux et s'est brisé en mille morceaux. Elle croit qu'elle rêve encore. Mais non! les débris de porcelaine se dressent, coupants, à ses pieds, et parmi eux, un billet mille fois replié qui était au fond, sans doute, parmi les crottes de chocolat vanillé. Machinalement elle le ramasse, le déploie et lit ces cinq vers, traduction littérale en bon français d'un des *outas* tracé sur le pot en miettes :

Ta bouche et tes yeux
Sur mon cœur ont même empire.
Hélas! qui le mieux
Me console et me déchire,
Ton regard ou ton sourire?

La jeune femme relut plusieurs fois ces vers au rythme bizarre et se prit à penser à l'inconnu qui les avait écrits, au point d'oublier parfaitement la fureur qu'aurait son mari de cette aventure. Ayant repris sa pose nonchalante dans la causeuse encore tiède, elle ferma les yeux de nouveau et il lui sembla qu'un garçon de belle tournure, au visage mâle et brûlé du soleil, à la physionomie pleine de grâce et de fierté, l'implorait en rimes mélodieuses avec une musique d'amour dans la voix. Combien de temps dura cette vision? Jusqu'au moment où, subitement réveillée, un étranger absolument conforme à ce type, mais bien en chair et en os, lui apparut respectueusement incliné devant elle.

III

— Madame, lui dit celui-ci, avec une émotion mal contenue dans l'accent, pardonnez-moi une pareille visite à une pareille heure. Mais vous m'excuserez quand vous saurez...

— Quoi donc? fit madame Rodamour sans colère.

— C'est si difficile à dire, madame. Enfin, n'auriez-vous pas reçu tantôt un présent que vous n'attendiez pas?

— Oui, monsieur, un vase japonais contenant du chocolat.

— C'est bien ça! cet imbécile de commissionnaire s'est trompé d'étage... Mais est-ce que monsieur votre mari a vu l'objet?

— Certainement, je n'ai rien de caché pour lui.

— Et il n'a pas trouvé au fond un papier compromettant?

— Non, monsieur, je l'ai trouvé moi-même.

— Dieu soit loué! Et vous ne m'en voulez pas?

— Au contraire.

Malgré lui, le lieutenant de vaisseau Hugues de Kergalec regarda celle qui lui parlait avec tant d'ingénuité et d'assurance. Madame Rodamour continua, toujours sur le même ton nonchalant et gracieux :

— Le malheur est que cette erreur est irréparable.

Et, montrant, du bout de son pied mignon, les débris du *Koutsi-Fakata* :

— C'est à mon tour de vous dire, monsieur, fit-elle : ne m'en voulez-vous pas ?

— Au contraire ! s'écria le lieutenant à son tour.

Il avait pris sa main et mis son genou à terre devant elle. Elle laissa s'approcher de la sienne la tête du marin et leurs bouches s'effleurèrent...

Alors, tout de suite ? comme ça ?

Pardon, monsieur, je n'ai pas dit : tout de suite et j'ai encore moins dit comment. J'en aurais pour une heure à vous conter les mignardises adorables qui précédèrent, pour l'infortuné Rodamour, le beau sacrement du cocuage. L'essentiel est qu'il le reçut avec d'autant plus de piété qu'il ne s'en doutait pas. Mais tous les rites étaient accomplis quand il rentra chez lui. Le lieutenant était vraiment arrivé au moment psychologique pour lui administrer les saintes huiles... qui font pousser les cornes. Son premier mot fut pour demander, en rentrant, des nouvelles du *Koutsi-Fakata*.

— Hélas ! mon ami, lui dit tout doucement sa femme ; j'avais raison. Il n'était pas pour moi et j'ai dû le rendre.

— A qui, morbleu !

— Mais au monsieur qui ne me l'avait jamais destiné.

— Pour qui donc était-il alors?

— Pour quelque autre dame, sans doute.

— Mâtin ! s'écria le manant, en voilà une dont le mari a une chance de cocu !

— Vous n'en avez pas moins que lui ! lui répondit philosophiquement madame Rodamour.

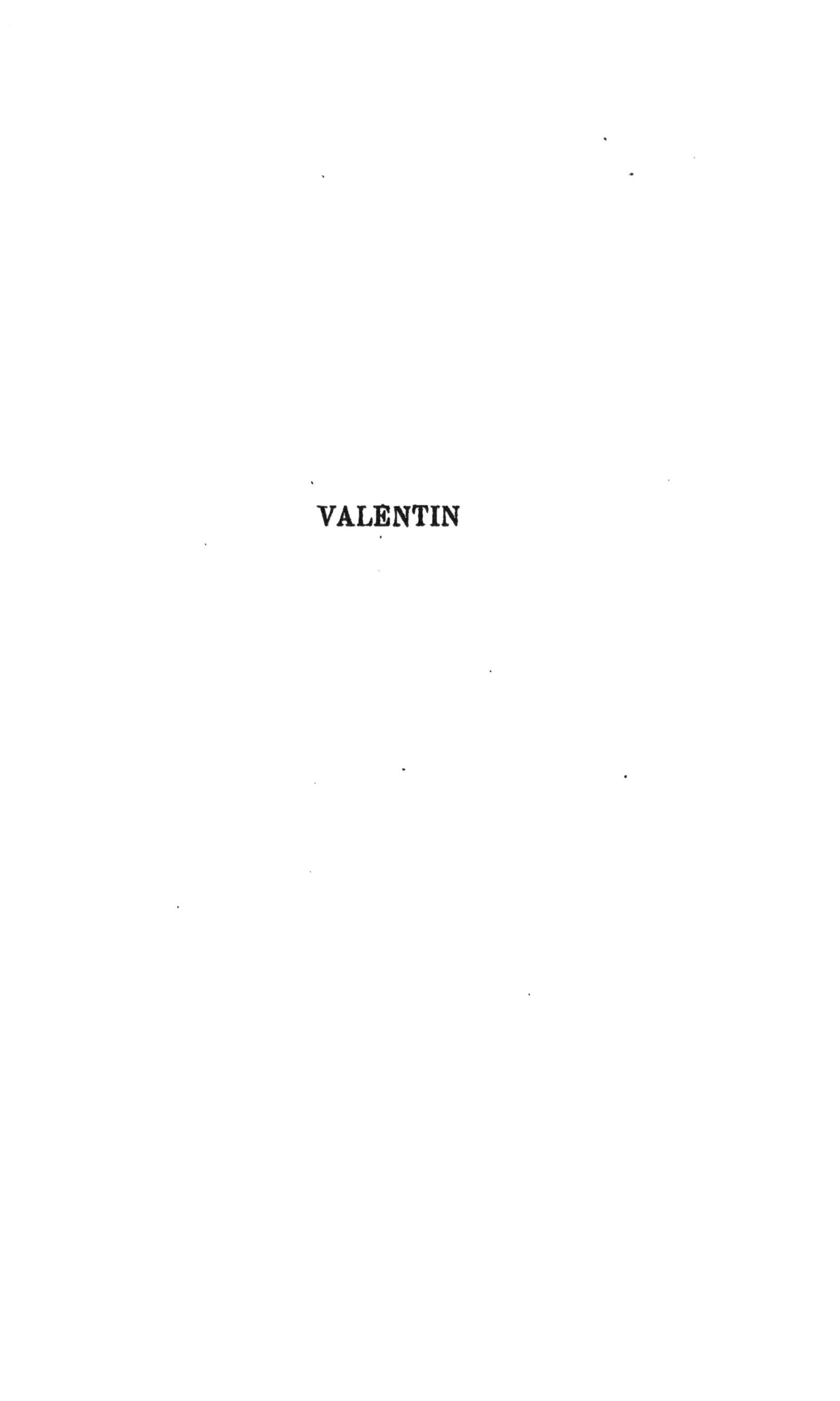

VALENTIN

VALENTIN

I

Sa Sottise le baron Luc-Lepet de Larridelle était en train de se faire tricher cyniquement au cercle par le major macédonien Roultabos, quand un jeune homme très galonné lui remit une lettre fleurant la peau d'Ibérie.

— Vous permettez? demanda-t-il au major.

Et celui-ci permit d'autant plus volontiers qu'il profita de la distraction épistolaire du baron pour lui passer son écart.

Mais cette action délicate était inutile. Très ému, le baron ne toucha plus aux cartes et demanda la permission de sortir immédiatement sans continuer la partie.

— C'est dommage ! J'avais un jeu superbe ! fit mélancoliquement le major.

— Mettons donc que vous ayez gagné !

Et le baron jeta l'enjeu sur la table. Après quoi il se rua dans le vestibule où il demeura cependant plus longtemps qu'on n'y reste d'ordinaire pour passer simplement son paletot. C'est qu'il avait attendu un paquet mystérieux qu'il emporta sous son bras en montant en voiture.

— 101, rue Marbeuf ! fit-il au cocher.

Et tout en gémissant, en maugréant, en se lamentant, il commença une toilette cahotée. Oh ! une toilette sommaire mais qui le métamorphosait complètement, une fausse barbe blonde dont il encadrait la nudité azurée de son menton, mais qui suffisait à le rendre méconnaissable. Pourquoi cette précaution, je vous prie ? Le baron Lepet de Larridelle n'allait nullement toucher un chèque du Panama, encore moins déposer, dans un vestibule, une marmite explosive. Cette galante bourrique n'était ni un politicien ni un journaliste. Mais quand on va voir une maîtresse demeurant dans la même maison qu'une amie de sa propre femme, le moins est qu'on ne s'expose pas à être reconnu. — Ma femme, elle-même, me prendrait pour un autre ! avait-il orgueilleusement pensé après avoir imaginé ce déguisement. Tel Jupiter se métamorphosait pour venir voir les mortelles et courir de terrestres guilledous. Qui sait si la fameuse pluie de Danaé n'était pas le simple ruissellement d'une barbe d'or comme celle du baron? Au moment où la science historique embourgeoise la légende évangélique, au point de la rendre purement humaine, pourquoi n'en ferions-nous pas autant de la mythologie grecque? Je ne me permettrai pas d'imaginer ce que pouvait bien être, en réalité, le cou du cygne de Léda. Quant au taureau d'Europe, c'était, sans doute, tout bêtement un cocu qui prenait une revanche. Courage, mes enfants! Ne respectez plus rien de ce qui fut la vérité éternelle! Sus au divin mensonge de la Poésie! Il nous restera le Théâtre-Libre et le roman de Georges Ohnet à qui je demande pardon d'un rapprochement aussi irrévérencieux. Mais dès qu'on descend du ciel et qu'on se contente du petit coin où nous sommes, les extrêmes se touchent vite. Tels les grains de menue poussière sur la coquille abandonnée d'une vieille noix.

Il est donc avéré maintenant que le baron Luc-Lepet de Larridelle, le Jupiter peut-être de notre temps, — car, à en juger par nos destins, les dieux ont été de tout temps de foutues bêtes — que l'authentique mari de madame Lepet de Larridelle allait voir sa bonne amie. Le rendez-vous que lui donnait celle-ci était donc bien impétueux? Au contraire. Elle priait le baron de demeurer désormais chez lui, attendu qu'elle avait un nouvel amant dont elle était folle. De là l'émoi du pauvre homme, en lisant cette nouvelle, et son sursaut dans un fiacre, et son travestissement. Un bolide n'entre pas, plus éperdu, dans un appartement :

— Que vous ai-je fait, Jane? Que vous ai-je fait pour me traiter ainsi?

— Que veux-tu, mon vieux, c'est la vie, lui répondit Jane en haussant les épaules, avec une pitié modérément attendrie.

Et mademoiselle Jane de Saint-Pétaud, née Desjean, avait absolument raison. La vie est qu'on fasse beaucoup de mal aux gens qui ne vous ont fait que du bien, et toute la morale de l'amour est dans cette constante iniquité.

— Il est donc bien riche! fit misérablement le baron.

Elle eut un geste de dignité blessée indescriptible. Pour qui la prenait-on?

— Non, mon cher. Mais il est jeune, il est beau, je l'aime et je veux lui faire une carrière.

— Dans la marine?

— Non! dans la diplomatie. Et puis, vous ne m'avez jamais comprise, mon cher. Parce que vous m'avez traitée en fille...

— Vous n'aviez pas l'air de vous en plaindre, Jane, à la fin du mois surtout!

— Soit! j'ai été faible. Mais aujourd'hui qu'un sentiment pur a dessillé mes yeux...

Et le pauvre baron attrapa par-dessus le marché une bonne page de la *Dame aux Camélias*, qui ne se joue plus guère que chez les petites dames, tout un passage sur la seconde innocence, bien supérieure à la première, parce qu'elle est expérimentée, qui eût fait pleurer Jules Simon lui-même.

— Adieu, baron, je l'attends! prenez l'escalier de service, et sans rancune, mon ami!

Machinalement, se sentant vaincu, le baron obéit et se heurta, dans le spiral étroit des domestiques, à un jeune pâtissier qui montait des gobichonnades pour le petit souper de son rival. Lui aussi pleurait.

II

Et que personne ne se fiche de lui! Je ne le souffrirais pas. L'abandon d'une maîtresse est un des bienfaits que nous recevons avec le plus d'ingratitude, souvent même avec une véritable douleur. On ne discute pas avec les attirances physiques de l'amour. Celles de certaines chairs sont telles qu'on ne s'en arrache qu'en se déchirant soi-même. J'ai vu le talent, j'ai vu la beauté virile, j'ai vu la jeunesse triomphante pleurer devant des guenons et parler de mourir pour des drôlesses, parce qu'ils se sentaient rivés comme par une morsure aiguisée par les dents mêmes du mépris. Nul ne peut défier, sûr de soi, les victoires de la matière, les anéantissements du libre arbitre, les abjurations de l'idéal sur des autels profanés. Tel n'était pas le cas de M. le baron Luc-Lepet de Larridelle qui n'avait pas de foi à abjurer et pas d'idéal à compromettre, mais simplement le pouvoir de souffrir qui nous rend la brute même fraternelle.

Quant à mademoiselle Jane de Saint-Pétaud, née Desjean, c'était une superbe fille dont l'insolence n'avait rien que de fort légitime. Parisienne de Paris, ou, ce qui vaut mieux, de Montmartre, ce coin d'Athènes, avec un profil irrégulier, mais une face aux sensualités charmantes, des yeux moqueurs, les lèvres un peu charnues, une fossette au menton; arborant à visage dominateur sur un corps aux souplesses natives, aux reliefs rebondissants, une beauté de décadence si vous le voulez, mais de décadence joyeuse et éhontée. Avec cette fausse aristocratie des formes qui résulte d'un allongement dans certaines proportions, conçue selon la formule non pas de Praxitèle, mais du Primatice. Telle enfin, en résumé, que la moindre de ses faveurs valait mieux que toute la personne du ridicule baron et que celui-ci avait tout à fait raison de se lamenter de perdre ce perfide trésor. On aura beau payer la beauté, nul ne se pourra vanter de l'avoir achetée jamais. Louée, tout au plus, mes compères. Et c'est, morbleu! très bien ainsi.

Une quenelle de volaille dans le cou, que le jeune pâtissier y avait déposée dans le choc, mais trop éperdu pour s'être aperçu de rien, le baron était de nouveau dans la rue, hélant un autre fiacre, ce qui lui valut d'être appréhendé au collet par le cocher du premier qu'il avait oublié de payer. Un sergent de ville s'en mêla et s'embarbouilla les doigts de quenelle, ce qui le fit jurer comme un païen. Les choses s'expliquèrent pourtant et le baron put reprendre sa route... celle de Thèbes. Car c'est ainsi qu'on appelle aujourd'hui le chemin de Damas.

N'en concluez pas que madame la baronne Lepet de Larridelle demeurât à Thèbes... Non! tout simplement rue Godot-de-Mauroy. Car le baron rentrait chez sa femme. Où voulez-vous qu'il allât? Le major macédonien Roultabos ne l'attendait plus au cercle. Et puis, comme dans l'âme de saint Paul, une grande clarté avait lui dans la sienne, s'était levé l'astre purificateur du repentir. Est-ce que c'était bien, galant, et digne du fils de preux ayant rapporté la lèpre de Palestine, de laisser ainsi tous les soirs sa femme toute seule pour aller jouer avec des Hellènes ou se faire jouer par madame de Saint-Pétaud? Ah! il en était revenu des hétaïres qui n'ont pas de cœur! Sa femme! une vraie sainte! Parbleu! il ferait comme les premiers chrétiens qui se confessaient publiquement et il lui avouerait ses torts à genoux, avec des cendres imaginaires sur la tête! Et toute une philosophie saine lui germait dans le cerveau. Quelle folie de fuir son monde pour s'aller encanailler avec des rastaquouères et des filles! Pouah! Ah! la leçon était bonne, un peu dure même, mais il en profiterait. Quelle douce surprise sur les traits de sa femme quand elle le verrait arriver à l'improviste, bien longtemps avant d'être attendu, comme l'enfant prodigue. Mais pas de veau, chez lui! Le veau c'était chez madame de Saint-Pétaud! Son attendrissement avait changé de cours, comme un ruisseau qui se perd dans un autre. Maintenant il n'avait d'émotion que pour la pauvre, belle et chaste créature qu'il avait si méchamment délaissée. Ah! il n'y tint plus. Il descendit et fit ouvrir violemment une boutique fermée de fleurs naturelles pour lui apporter une énorme gerbe de lilas, de lilas blanc, symbole de la seconde innocence, la première ayant pour emblème le lys. Et fouette cocher ! Il était impatient de rentrer dans le giron des bonnes mœurs, lequel d'ailleurs n'a rien de désagréable quand il entoure un aussi noble fessier que celui de madame la baronne.

Ouf ! il a franchi l'escalier en deux bonds, comme un chevreuil forcé. La baronne est encore dans le petit salon et tourne le dos. Elle brode à la lumière discrète d'une lampe au-dessus de laquelle se chiffonne un grand papillon rose. Le baron la voit dans la grande glace du fond dont étincellent, en clartés phosphorescentes, les bijoux vénitiens. Soudain il pâlit et est près de se trouver mal. C'est qu'il se voit aussi et s'aperçoit qu'il a oublié de retirer, dans son émoi, sa longue barbe d'or frisé. La baronne se retourne. Plus le temps matériel de l'enlever de son menton sans qu'on s'en aperçoive.

La baronne est tout à fait retournée et, souriante et d'une voix de reproche affectueux :

— Merci de vos lilas, Valentin. Mais comme tu viens tard, mon chéri ! Tu sais bien que cet imbécile va rentrer dans deux heures.

Il demeurait cloué sur place, anéanti.

Le baron Luc-Lepet de Larridelle avait souhaité que sa femme le prît pour un autre. Les Dieux l'avaient exaucé.

CONTE TOULOUSAIN

CONTE TOULOUSAIN

I

Je n'ai pas plutôt remis le pied sur le territoire de mon cher Toulouse qu'il m'y semble revoir pousser, entre les pavés aigus, tous les contes qui y germent d'invisibles semences lasses de courir dans l'air avec les énervantes caresses de l'autan. Et pourtant ce Toulouse hibernal n'est plus la cité joyeuse pleine d'éclats de rire le jour et de chansons la nuit.

De ton ciel que Dieu fit et que Paris jalouse
L'âpre hiver a chassé le soleil, ô Toulouse,
La gaîté des chansons et le vol des oiseaux.
Et la Garonne sombre, en ses épaisses eaux,
Que soulève la force invisible des crues,
Roule le sable roux des rives parcourues.
Oh! la mélancolique et cruelle saison!
Derrière le rideau que forme l'horizon,
C'est la plaine sans fleurs et le bois sans verdure...

Mais je l'aime tout de même, ma vieille ville des capitouls dont les toits de brique sont festonnés de givre et dont les dômes blancs ont l'air d'immenses pâtisseries. L'amitié m'y garde son nid bien chaud et le vol des souvenirs y remplace, dans le vent qui passe, les notes vibrantes des ténors nocturnes. Toulouse possède d'ailleurs, tous les soirs, en hiver, un concert très particulier, celui des passereaux qui, à la tombée de la nuit, s'abattent en véritables nuées, sur les arbres de la place Lafayette, avec le bruit que ferait une friture pour géants. Qui n'a entendu ce piaillement formidable ignore le pouvoir du nombre dont le suffrage universel nous donne, d'ailleurs, dans la Chambre actuelle, un si admirable échantillon. J'aime mieux le Parlement des oiseaux que le nôtre, bien qu'il en tombe aussi des crottes sur les chapeaux des passants imprudents. Mais si petites!

Et puis, chez Albrighe il fait très bon, et rien ne vaut un pâté de Tivollier pour vous tenir chaud au ventre. C'est de soleil que semble gonflé le foie des canards toulousains, et c'est du soleil qu'on boit encore là-bas dans ce merveilleux vin de Villaudric devenu malheureusement si rare aujourd'hui ! Et puis, les histoires marchent leur train dans la fumée des cigarettes, non pas ignoblement collées, comme celles de la régie, dans toute leur longueur, mais ceinturées seulement d'un léger ruban de papier qui les empêche de se déployer et ne leur donne aucune mauvaise odeur. Qui diable m'a conté celle-ci qui me revient soudain en la mémoire ? Je ne sais plus, mais c'était par un beau soir d'été, bien différent de ceux-ci, sur le chemin de la Croix-Daurade, où mon ami Marcel possédait une merveilleuse villa perdue dans les verdures, avec une haie de roses trémières et de grandes ancolies pareilles à des fusées bleues. Et si quelqu'un de vous la connaît, — car les histoires toulousaines font le tour du monde — tant pis ! Je ne me pique pas d'avoir inventé tout ce que je vous raconte, bien qu'ayant coutume d'y mettre beaucoup plus de moi-même que des autres.

II

Or, dans ce temps-là — mettons deux siècles, trois si vous voulez — car je ne chicane jamais sur les dates, ayant toujours pensé que tout pouvait arriver en tout temps, ce qui fait que les romans sont tout simplement de l'histoire surnuméraire, attendant une position sociale, — une veuve, de grand renom vertueux et de très pure renommée, habitait la patrie de Clémence Isaure et celle de mon cœur, avec ses deux filles, Isabelle et Sabine, deux miracles de beauté. L'une brune comme un soir de vendange et l'autre blonde comme une aurore de moisson (car nous avons aussi des blondes à Toulouse, mais elles ont les yeux noirs) ; celle-ci faite d'avenance enjouée et celle-là de fierté douce, de grâce toutes les deux, renommées jusqu'à Saint-Gaudens, où l'on s'y connaît, pour leur distinction naturelle et le charme de leur causerie. Car je m'en voudrais de vous présenter deux dindes, même magnifiquement emplumagées. Mais la bêtise n'habite pas notre pimpante beauté méridionale, faite de malice autant que de charmes plastiques. Isabelle était mariée à un jurisconsulte fort savant, descendant en droite ligne de Cujas et s'appelant lui-même Cucuron, ce qui donne à penser que la syllabe *cu* était caractéristique de la famille. Mais au figuré nullement. Cucuron était un légiste distingué, un décrotteur de Pandectes estimé de ses confrères, et il était malheureux que la syllabe *cu* perdît, en sa personne, l'espoir de refleurir dans un plus lointain rejeton encore de Cujas. Car il n'avait pas d'enfants, bien que son épouse parût merveilleusement apte à en faire, ayant sur les lèvres un grand appel de caresses et dans l'ampleur savoureuse des hanches d'admirables promesses de fécondité. Depuis trois ans déjà il semblait que ce jurisprudent fît de son mieux pour perpétuer son espèce. Mais ce mieux était-il l'ennemi du bien ? Toujours est-il qu'Isabelle demeurait infertile, sans avoir d'ailleurs, dans le regard, aucun reproche à l'adresse de son mari.

Sabine, elle, n'avait d'ailleurs pas plus d'enfants que sa sœur. — Mais il y avait, à cela, une raison meilleure et plus honnête. Elle était encore demoiselle et aurait pu habiter Orléans aussi bien que la rue Cantegril, demoiselle à fonds et très recherchée d'ailleurs par le beau vidame Gaspard des Vespérides, capitaine au service du roi et le plus élégant cavalier dont la Garonne ait réfléchi le chapeau empanaché, un jour de revue, dans la grande prairie du faubourg Saint-Cyprien. Malheureusement, le galant officier avait, pour tout bien, une masure familiale dont la toiture, veuve de tuiles, était uniquement faite d'hypothèques, ce qui ne tient pas chaud en hiver, et le jurisconsulte Cucuron, qui était positif en diable, — hormis dans les choses de la paternité — dissuadait la famille d'un mariage qui n'en eût pas augmenté les revenus. Si bien que, d'une part, Sabine — et de l'autre, le vidame, se consumaient dans un amour sans espoir, dans le plus doux, mais aussi dans le plus mélancolique des rêves, perdant le manger et le boire, ce qui est toujours fâcheux ; n'ayant plus goût, celle-ci à ses chiffons et celui-là à son épée, regardant l'eau jaune du fleuve avec de sinistres idées dans la cervelle. Sacré Cucuron, va ! qui, ne sachant pas son métier, empêchait ses contemporains de faire le leur !

III

Or, en ce temps-là, par delà la Croix-Daurade justement, vivait, dans une thébaïde souvent envahie par la piété des fidèles et la foi des postulants, un saint ermite nommé Pancrace, exploitant une de ces formes miraculeuses qui ont encore créance aujourd'hui dans une population toute empreinte de crédulité latine. La spécialité de celui-ci était de donner des enfants aux dames qui en souhaitaient, et cela par des moyens purement surnaturels ; car croyez que, sans cela, les maris de ces dames eussent crié bien vite sus au miracle. Les ermites qui opèrent par de physiques procédés, ne sont pas rares en ce monde et il n'est pas nécessaire d'aller les trouver dans les montagnes. J'en sais qui ne demandent qu'à aller en ville et opèrent à domicile tant qu'on veut.

Or, voyez les coïncidences dont est faite la vie. En même temps que le père Pancrace, un peu fatigué de son office, bien que n'y apportant que des prières, demandait à son supérieur, par une lettre confiée à un capucin ivrogne de ses amis, de le faire remplacer quelque temps, le capitaine des Vespérides obtenait un congé de son colonel qui craignait que le service du roi ne souffrît de sa mélancolie, et la mère d'Isabelle et de Sabine décidait un pèlerinage dans la montagne, ayant le double but de mettre sa fille Isabelle sous la protection du saint miraculeux et de donner quelque distraction à sa fille Sabine.

Ah ! ce fut une chose édifiante vraiment que la neuvaine que firent ces dames aux pieds du bienheureux qui remplace les maris impotents. Elles ne connaissaient pas auparavant le père Pancrace, mais elles furent tout à fait charmées de la douceur de ses façons et de la sagesse de ses discours. Il savait prendre de temps en temps, avec elles, des airs mousquetaire qui convenaient à ravir à sa mâle figure, jeune encore sous le capuchon et dans son encadrement grisonnant et touffu. Elles admirèrent sa voix sonore et émue comme celle d'un homme de vingt ans. Il eut d'ailleurs, pour ses nobles visiteuses, des égards qu'il ne prodiguait pas aux petites gens. Pendant qu'Isabelle et sa mère égrenaient des chapelets dans la solitude humide de la grotte, qu'éclairait seule une petite lampe d'argent, il emmenait volontiers Sabine dans la montagne pour lui apprendre à connaître les plantes salutaires à la santé. Il lui enseigna même la recette d'une chartreuse de fantaisie dont le secret n'est perdu que pour les ignorants. On ne saurait croire le bien que faisaient à Sabine ces scientifiques promenades. Elle, d'ordinaire frileuse et pleine de paresse matinale, se levait, dès l'aurore, pour aller courir, avec le bon père, les sentiers emperlés de rosée d'où montaient d'aromatiques et bienfaisantes odeurs. C'était merveille de la voir disparaître derrière les buissons fleuris, comme une biche effarouchée, et rien n'était plus touchant que la sollicitude de son guide, sans cesse attaché à ses pas, la suivant comme une ombre, et semblant prendre part à ses joies de jeune fille échappée dans un coin riant de nature et sous un pan bleu de matin ! Ah ! que les religieux avaient du bon, mes amis, et que les décrets ont été coupables ! On ne rencontrait autrefois à Toulouse que des filles, des moines et des soldats, tout cela faisant un excellent ménage. L'équilibre aujourd'hui est rompu. Il manque quelque chose aux filles et les soldats n'ont plus le même entrain.

Cela dura ainsi une semaine et un jour, temps rapide aux âmes croyantes comme Isabelle et sa mère, plus rapide encore au cœur rajeuni de Sabine, dont le chagrin semblait tout à fait oublié; suffisant cependant pour que le miracle eût opéré. Car cinq mois après cette pieuse villégiature pyrénéenne, une des deux voyageuses accusait des signes évidents de grossesse. Seulement, sans doute par une volonté du ciel qui entendait que le miracle apparût plus grand encore, c'était Sabine qui en avait été l'objet. La famille fut unanime à trouver que le but avait été dépassé.

Elle alla même en exprimer son mécontentement au père Pancrace, qu'elle trouva bien changé et affreusement vieilli.

Je vous crois, c'est le vrai ermite, qui avait repris sa place, un instant occupée par le vidame des Vespérides ! Mais les hommes de piété pareille ne trébuchent pas pour si peu, dans leur indomptable foi.

— C'est pour ma fille Isabelle que nous avions prié ! dit-elle au saint homme, et votre saint ne sait ce qu'il fait.

— Pardonnez-moi, ma sœur ! répondit le vénérable Pancrace, sans se déconcerter un seul instant. C'est que vos prières ont été insuffisantes à obtenir une autre grande faveur à madame votre fille, et que Dieu l'a jugée digne d'être tante seulement. Priez encore et vous aurez peut-être mieux.

LE MISTRAL

LE MISTRAL

I

— Lou mistral! me disait souvent mon ami Capdedourne, lou mistral, Silvestrou! Mais tous vos autres vints de Frince sont de la blague à côté!

Et comme, timidement, je lui faisais observer que nous possédons, à Toulouse, un vent d'autan qui suffit au moins aux délicats et s'entend pas mal à décorner honnêtement les cocus capitoulains, il reprenait, sans m'écouter :

— Lou mistral, Silvestrou! Mais l'imprudint qui

en importerait dans une bouteille et la déboucerait à Paris, ficerait par terre l'obélisque et le Pinthéon !

Je ne suis pas d'humeur colérique, comme on disait au vieux temps, et j'estime que si personne n'attaquait son voisin, celui-ci n'ayant jamais à se défendre, les luttes inutiles cesseraient bientôt entre les hommes. Mais je n'aime pas à me laisser molester, surtout dans mon amour-propre languedocien. J'avais donc imaginé une riposte à l'endroit des rodomontades marseillaises de mon ami Capdedourne. Elle était même du tac au tac. C'est ma façon.

— Le cassoulet, Capdedourne, répliquai-je. Le cassoulet ! Mais tous vos plats du reste de la France sont de la pure fiente de mouche à côté.

Et je me garde bien de me moquer, en l'orthographiant, de l'accent que je mettais à ma réponse. Ah ! ce pauvre Capdedourne devenait rouge comme une jeune langouste méditerranéenne (car la langouste, sinon le homard qui est bleu, est rouge avant la cuisson). Sur un ton d'ironie où s'étouffaient les mots, il grommelait simplement :

— Il me simble cepindant que la bouillabaisse n'est pas pour décrotter le museau des singes.

Et nous nous arrêtions là, parce que, tout en nous aimant beaucoup, nous aurions fini par nous gifler, mais pas cependant avant que j'eusse complété ma réplique par cette belle image :

— Le cassoulet, Capdedourne ! Mais le sage qui en a mangé un hier parfumerait encore demain toute la longueur des Champs-Elysées.

Alors nous causions d'autre chose. Mais, moi, qui n'avais jamais été que jusqu'à Cette, je n'en étais pas moins furieusement curieux de connaître une bouillabaisse authentique et ce fameux mistral dont on me rebattait les oreilles depuis si longtemps.

Les Dieux viennent enfin de m'exaucer. J'ai vu Marseille, j'ai mangé de la rascasse, et j'ai été balayé comme un grain de poussière, sur la Canebière, par un souffle venant de l'est, qui ne m'a pas donné envie d'aller habiter l'Allemagne. De vous à moi, — je n'en ai rien dit à Capdedourne, pour ne pas l'enorgueillir encore, — j'ai trouvé Marseille une ville admirable et la bouillabaisse une chose exquise, tout en prenant de petits airs indifférents avec lui qui m'en faisait les honneurs. Je me suis senti, pendant quelques heures, l'âme d'un Phénicien antique (car ce ne sont pas les Phocéens qui ont fondé Marseille, mais les Phéniciens, au bord de cette mer où les navires évoluaient, au couchant, avec des sillages de malachite et d'or. Il paraît, qu'en été, la Méditerranée est bleue comme un lapis-lazuli, et j'en crois, sur parole, l'excellent peintre provençal, mon ami Montenard. Mais, par le temps d'hiver où je l'ai vue, sous un ciel d'un gris aussi fin que ceux des ciels de Hollande, elle affectait des cassures vertes et rouges, se jaspait d'émeraude et de sang, s'annelait comme un collier multicolore. Un peu plus loin que le port, au pied de la corniche, elle avait des transparences mystérieuses où je cherchais le spectre divin des sirènes. Il semblait qu'un air très doux en montât où s'endormait l'aile floue des mouettes s'élargissant comme un morceau d'ouate blanche. Voilà pour le paysage. Quant à la bouillabaisse, son petit relent safrané de laudanum flatta mon goût pour les opiacés où s'endorment nos mélancolies. Car la Chine n'eût pas eu de plus grand fumeur d'opium que moi. La rascasse est un mets assurément fin, mais qui se défend trop. Aussi lui préféré-je le loup qui fait moins de cérémonie pour se laisser manger. Au demeurant, mon impression est bonne. Quant au vent d'est, au fameux mistral de mon ami Capdedourne, jamais je ne fis, même parmi les Panamistes d'aujourd'hui, une connaissance qui me fût plus désagréable. Mais j'eus l'air, devant Capdedourne, de n'y prendre pas garde, seulement. Il en était outré.

Cela ne nous empêcha pas de dîner très affectueusement ensemble avant mon départ. Mais je lui avais gardé une suprême taquinerie pour la fin. J'avais fait coûteusement venir, pour se dresser à table, en face de sa bouillabaisse, un cassoulet de Castelnaudary, où se font les meilleurs. Le tout composait un menu d'une digestion facile. Mon ami Capdedourne n'eut pas une louange pour mon cassoulet; mais il en mangea comme quatre, ce qui était, en même temps que le plus muet, le plus éloquent des éloges. Ah! le bougre! ce qu'il en enfournait, dans sa boîte à mensonges, pendant que je ne le regardais pas! Il fallut jeter pas mal de vin sur cette double éponge faite de matelote et de navarin. J'avais aussi fait venir du vieux Villaudric et je goûtai des vins provençaux qui me ravirent par leur chaleur; si bien que, mon vieil ennemi et moi, nous n'avions plus le courage de nous quitter.

— Té! s'écria tout à coup Capdedourne, je vais te reconduire à Parisse!

Je l'embrassai avec effusion, croyant d'ailleurs à une de ces exagérations de sentiment qui ne vont pas jusqu'à la pratique. Mais Capdedourne parlait, pour une fois, sérieusement. Je n'en pus plus douter quand je le vis revenir, un instant après m'avoir quitté, emmitouflé de fourrures comme un Lapon qui va chasser les ours blancs dans les mers polaires. Il n'était qu'une pèlerine d'où jaillissaient ses petits yeux clairs et affectueux.

Un instant après, nous occupions les deux coins d'un lit-salon dont la troisième place était vide, celle du milieu, dans le rapide qui devait nous mener en quatorze heures place de la Bastille, soit à neuf heures du matin.

II

O vanité des indicateurs! Nous causions tranquillement, un peu lourdement même, Capdedourne et moi, quand le train s'arrêta net, bien qu'aucune station ne lui en fît un devoir. En même temps un sifflement effroyable nous passa aux oreilles, que nous avions cependant emmitouflées, un sifflement allongé comme celui d'arbres qu'on ploie et qui gémissent. Les wagons en étaient secoués et le train était évidemment vaincu, dans sa marche, par une force supérieure. J'avoue que j'étais surpris et même un peu apeuré.

— Lou mistral, Silvestrou! s'écria Capdedourne avec un indicible accent de fierté. Lou mistral!

Et c'était bien, en effet, le mistral qui, avant notre arrivée à Arles, nous attaquait en pleine campagne, nous heurtait du front comme un taureau furieux. Je ne saurais décrire le bruit étrange qu'il faisait. On eût dit celui d'une immense pompe aspirante. C'était terrible, prodigieux et cependant endormant par sa puissante monotonie. La preuve, c'est que Capdedourne et moi, après avoir fermé, de sa paupière de serge verte, l'œil de verre dont nous étions éclairés au plafond, appesantis par une digestion chaudement arrosée, nous commençâmes, chacun dans notre coin, à tout oublier et à perdre tout sentiment des réalités.

Je ne sais quel rêve lui vint, mais je puis vous dire le mien. Il est malheureusement assez innocent pour ne compromettre personne, pas même l'aimable créature qui en était l'objet. Mais il faut d'abord vous dire que j'avais voyagé, à l'aller, jusqu'à Lyon, avec une personne délicieuse et dont les traits distingués étaient demeurés dans ma mémoire. Je ne crois encore avoir rien rencontré de plus élégant dans mon terrestre voyage. L'aristocratique beauté de cette inconnue avait encore accru ma jobarderie naturelle. Si bien que, loin de lui avouer les sentiments aimables qu'elle m'inspirait, j'avais osé à peine la regarder quand elle ne regardait pas de mon côté. Mais cela avait suffi à m'en rendre positivement amoureux. Sans cet animal de Capdedourne, peut-être même me serais-je arrêté à Lyon dans l'espoir de la rencontrer. Comme on est bête!

Comme cela n'eût rien changé à ma timidité, à quoi cela m'aurait-il servi? Que voulez-vous! elle avait ce diable de nez latin, faisant suite au front sans en dévier la ligne, hautain et dominateur qui m'en a toujours imposé, comme le signe d'une supériorité dans la race. Je n'ai jamais été impertinent qu'avec les nez retroussés ou les camuses. Je leur en ai fait voir de belles, par exemple! Donc, l'étrangère, — car elle n'est pas vraisemblablement de Toulouse, — avait ce sceau nasal d'autocratie dont je suis immédiatement dominé. Dans le rêve que je fis néanmoins, je fus infiniment plus familier avec elle que je ne l'aurais été dans la vie. S'il m'en souvient bien, je l'avais déjà à demi déshabillée, extasié que j'étais devant toutes les merveilles devinées et supposées cependant par la réalité. Car jamais je n'avais vu une chevelure noire aussi épaisse baignant d'aussi blanches épaules et un plus noble retroussis du cou vers une nuque plus voluptueusement toisonnée; non plus que des hanches s'élargissant mieux en amphore comme pour désespérer l'enlacement des bras trop courts à les étreindre; non plus que des cuisses d'un dessin plus ferme et se perdant mieux dans un plus imperceptible genou; non plus qu'une cheville plus haute, comme dans les femmes primaticiennes où la ligne s'ennoblit presque outre mesure. Et je ne me suis arrêté qu'aux stations décentes de cet aimable voyage... dans mon récit tout au moins.

Depuis combien de temps roulions-nous — car le train avait repris sa marche sans que nous nous en fussions aperçus — ainsi inconscients, sans nous être éveillés à aucun arrêt, bien qu'ils eussent été nombreux sans doute, ayant de vraies fumées de plomb dans la cervelle, nos têtes enfouies dans les larges oreillettes de drap des coins? Je n'en sais rien. Mais c'est bien étrangement que je fus ramené aux choses de ce monde.

Le vent soufflait toujours, mais plus le même qu'aux environs d'Arles. Car, lorsque la connaissance me fut un peu plus complètement revenue, je démêlai parfaitement qu'il venait, non pas de la Camargue, mais du derrière de mon ami Capdedourne qui s'essoufflait postérieurement, longuement, bruyamment, à perdre haleine, complaisamment, du tout au tout, comme une outre qui se vide, et fort agréablement sans doute, avec une notable et délicieuse impression de soulagement. Car, croyant que je ne l'entendais pas, il riait comme un vieux fou dans son collet de loutre, s'amusait tout seul de sa musique, jouissait lyriquement de sa gastérienne harmonie, modulant par caprice, poussant par impudence et comme pour braver le destin, enflant les sons ou les refrénant pour faire durer le plaisir, faisant vibrer son émission suivant les principes du Conservatoire, s'offrant, en un mot, et aux dépens de mon nez, un concert qu'il avait l'air de trouver tout à fait spirituel.

Je l'ai dit déjà : je ne suis pas d'humeur colérique, comme on disait au vieux temps, et j'estime que si personne n'attaquait son voisin, celui-ci n'ayant pas à se défendre, les luttes inutiles cesseraient bientôt entre les hommes. Mais je n'aime pas à me laisser molester, surtout dans l'exercice de ma respiration. Suivant ma méthode, c'est du tac au tac, — ou plutôt du « prout! » au « pan »! que je ripostai. Moi non plus je n'étais pas sans munitions. J'intimidai d'abord l'ennemi par une canonnade inattendue, puis je soutins le feu par une mousqueterie si prodigieusement crépitante que j'en subis, moi-même, l'effet comique et commençai à pouffer de mon côté, dans l'obscurité qui couvrait nos ébats éoliens de ses sombres ailes à peine frangées d'un filet de lumière.

— Lou mistral, Capdedourne! m'écriai-je, en imitant sa prononciation de Marseille. J'aurai trop respiré à Arles.

Lui aussi avait la réplique vive :

— Le cassoulet, Silvestrou! répondit-il. Mais, sois tranquille! j'en garde pour les Champs-Elysées.

Et de rire, en nous contrefaisant. Tout à coup, Capdedourne, qui se sentait tout à fait réveillé, sauta sur le globe de verre et le découvrit, inondant de lumière le compartiment.

Ah! mes enfants!...

III

Montée à Lyon, sans doute, pour retourner à Paris, pendant que nous dormions si profondément, assise sans bruit entre nous, les yeux grands ouverts, une indicible expression de dégoût et de

9.

révolte dans le frémissement rosé des narines et dans les plis de la bouche, la belle inconnue, celle dont je rêvais tout à l'heure, l'idéale créature dont je n'avais dénoué les vêtements qu'à genoux, avait tout entendu, de notre horrible causerie. Ah ! jamais je ne sentis aussi profondément l'horreur de ma double nature qui ne se complaît qu'aux sublimités extrêmes de l'âme ou aux ordures éhontées de la chair, oscillante entre ce que le ciel a de plus haut et ce que la terre a de plus bas, sans me laisser jamais arrêter en chemin, me reposer en quelque volupté bourgeoise, honnête, écœurante, mais congrue et de bon goût ! Je vous jure que tout ce qu'il y a d'élevé, dans mon esprit, s'écroulait en moi, écrasant tout ce qu'il renferme de plus infime, en un douloureux affaissement plein de déchirures saignantes. J'étais anéanti ; j'aurais voulu me jeter à genoux ou par la fenêtre. J'avais la conscience effroyable d'un sacrilège. Une sueur froide faisait perler, à mon visage, les affres de la profanation. J'aurais voulu brûler des encens et des cinnames aux pieds de l'idole insultée et laver ses pieds augustes du plus pur de mon sang...

Lui, mon ami Capdedourne, entr'ouvrit légèrement la fenêtre de son côté, et sans le moindre embarras, tirant une cigarette de son gousset, galamment, en homme du monde :

— La fumée ne gêne pas madame ? demanda-t-il la bouche en cœur.

Elle ne daigna pas répondre, mais à la première bouffée de tabac elle toussa.

Désespéré, je courus à l'autre croisée, pour chasser cette provocante odeur. Mais, d'un geste superbe, mon ami Capdedourne me retint.

— Tu vas encore, me dit-il, mettre cette petite entre deux airs !

Eh bien, mes enfants, j'avais désarmé pour jamais. Nous sommes de petits enfants, nous les promeneurs du Capitole, auprès des promeneurs de la Canebière ! Vive Marseille et le mistral !

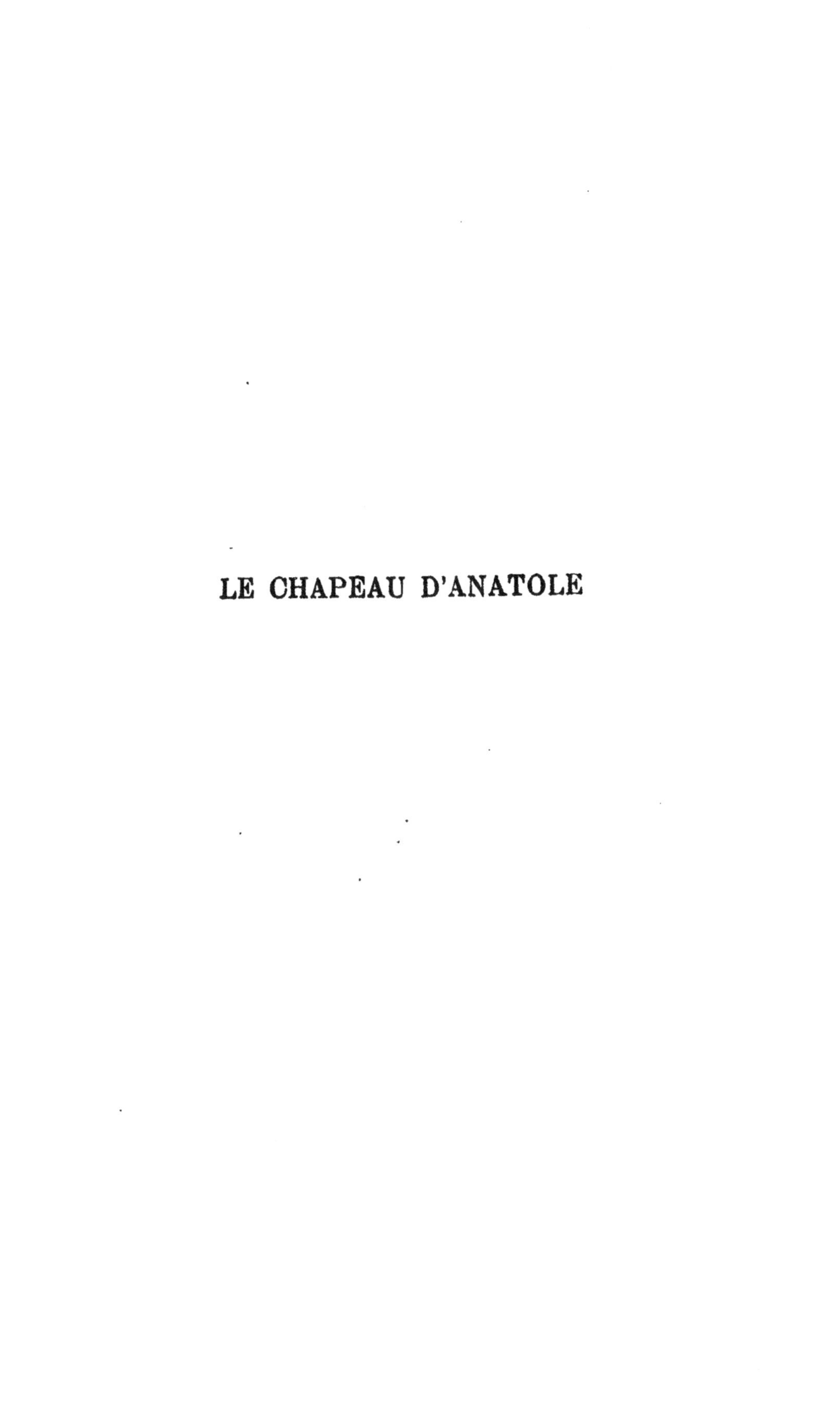

LE CHAPEAU D'ANATOLE

LE CHAPEAU D'ANATOLE

I

— *Totus tibi!* épela la jolie madame Birotte sur un des boutons de manchette du joli vidame Anatole de Trécourt.

— La devise de mes aïeux, fit avec quelque orgueil le vidame. C'est ce que dit saint Louis, à la deuxième croisade, à mon aïeul Gaëtan de Trécourt, en lui envoyant au derrière un coup de pied parce qu'il manquait d'ardeur contre les Sarrasins. Je la porte partout, même au fond de mon chapeau. Mais, ma chère âme, si nous causions un peu de notre amour ?

— Causons-en rapidement alors, mon ami; car mon mari ne saurait tarder beaucoup à rentrer maintenant, et tant que je ne vous aurai pas présenté à M. Birotte, j'aime autant qu'il ne vous trouve pas ici.

Et ils causèrent rapidement, ce que je sais de plus fâcheux au monde pour le genre d'entretien qu'ils avaient. Car on n'y savoure son éloquence mutuelle qu'à la condition de ne pas bredouiller à force de vouloir parler vite. Anatole était, il est vrai, à l'âge où l'on est encore volontiers bavard. Mais il avait été prévenu que son discours devait être en un seul point. C'était donc une sottise de gâter ce point-là par trop d'empressement. Et puis, voyez-vous, ces tendresses à la hussarde, sur des angles de canapé, ne seront jamais faites pour les amants sérieux. Il paraît que certaines femmes les prisent fort, peut-être parce qu'elles sont d'ordinaire pimentées d'un peu de péril. Mais les ferventes maîtresses aiment leurs aises dans la tiédeur moelleuse du lit et je ne vois vraiment qu'un reproche à faire à l'adultère, c'est que rarement il comporte cette béatitude et cette sérénité. On nous cite les moineaux qui se contentent d'une seconde sur un bout de branche. Moi, je citerai les pigeons

> Qui, tout le jour, de baysers doux et longs
> Se font l'amour sur le haut d'une souche,

comme a si merveilleusement dit Ronsard. Si la vie électrique pénètre jusqu'aux mystérieuses joies de l'amour, je demande à revivre au siècle des idylles, sous les frais ombrages où s'endort le vol même du temps, dans l'arome délicieusement vénéneux de la beauté.

Et cependant la jolie madame Birotte avait eu raison de se hâter sous peine de n'avoir pu échanger ses idées avec le vidame. Monsieur rentra plus tôt qu'il n'était attendu. Son pas sonnait déjà près de la porte.

— Ah! mon Dieu, fit-elle, que lui dirons-nous!

Elle avait tort de s'embarrasser de ce souci. Le vidame, qui était froussard comme pas un et perdait volontiers le peu qu'il avait de tête, s'était déjà sauvé derrière un meuble. Il n'avait oublié que son chapeau sur la table. Madame Birotte sauta dessus et le fourra prestement dans la cheminée, dont elle rabattit le tablier. Car on était en une meilleure saison que celle-ci et, depuis quelque temps déjà, on ne faisait plus de feu.

Monsieur entra, son chapeau à lui, à la main, son paletot sur le bras.

— Je ne viens vous faire qu'une courte visite, ma chère amie, fit-il à sa femme.

— Vous allez ressortir?

— Dans un instant.

— Ah!

Et madame Birotte réprima à grand'peine un soupir de soulagement. Elle était sauvée. Le tout était que Monsieur ne s'amusât pas à tourner autour des meubles, comme il le faisait quelquefois quand il était désœuvré. Elle le pria donc affectueusement de se mettre un instant auprès d'elle, ce qu'il fit d'assez mauvaise grâce, car il était visiblement de très méchante humeur.

II

Et savez-vous pourquoi M. Birotte était d'humeur si méchante ? Parce qu'il descendait de la chambre de Julie et y avait constaté des choses qui n'étaient pas de son goût. Julie était sa cuisinière et une Bourguignonne infiniment accorte. Cela ne veut pas dire que j'en eusse voulu. Je ne suis pas pour les amours ancillaires et j'aime que chacun fasse son métier. Le monde ne manque pas de personnes qui aiment mieux montrer leur derrière pour de l'argent que de vieillir devant des fourneaux, les mains sales et brûlées. Il faut donc être enragé pour aller déranger les filles en condition. Mais il est une classe de dépravés qui se plaît à l'odeur des marmites et des pots de chambre, et M. Birotte avait ce goût fâcheux. Pendant qu'on le croyait à son bureau, volontiers montait-il à la chambre de Julie, à l'heure où celle-ci n'était pas réclamée encore par les roux, les liaisons et les coulis. Très jaloux de sa conquête, il faisait ces visites-là à l'improviste. Or, celle qu'il venait de faire ne lui avait qu'à moitié réussi. Il avait les meilleures raisons de penser que Julie n'était pas seule un instant auparavant. Un perdreau froid et deux assiettes ; une bouteille et deux verres. Il y avait eu certainement un invité qui ne s'était pas contenté de se mettre à table, à en juger par l'état désordonné de la literie. Par où le galant avait-il disparu ? Certainement par la fenêtre qui était toute voisine des toits, l'usage étant de loger les domestiques dans les combles des maisons. Il était facile à un homme agile de disparaître par là. Oui. Mais mon Birotte, qui avait des soupçons déjà depuis quelque temps, avait pris ses précautions.

— Je vous avais promis de condamner cette fenêtre à la première alerte, fit-il à Julie assez déconcertée.

Et, malgré les protestations, tour à tour indignées et suppliantes, de celle-ci, il tira un bon cadenas et deux pitons de sa poche, et, après avoir clos solidement la croisée, il remit la clef dans son pantalon, une clef de sûreté. Après quoi, n'ayant pas les mêmes raisons de se presser que sa femme avec le vidame, il se réconcilia longuement avec Julie, savourant, comme un gros voluptueux qu'il était, le regain malsain de désir que donne, aux gens sans délicatesse et sans idéal, une pointe de jalousie Après quoi, il sortit assez satisfait pour rentrer chez lui, comme nous l'avons vu faire tout à l'heure et laissant Julie affreusement inquiète sur le sort de Jérôme.

Oui ! au fait, je n'ai pas eu le temps de vous présenter encore Jérôme, l'aimable menuisier qui faisait cocu Monsieur dans son illégitime ménage, Jérôme qui avait si noblement fichu le camp par la fenêtre en maugréant. Un brave garçon et qui franchement faisait mieux son métier que ce vieux matou de Birotte. J'aurais voulu voir ce que celui-ci aurait fait, tout seul, sur un toit, séparé de sa bien-aimée par une croisée fermée avec un cadenas. Les deux périls principaux de ces aventures de gouttière sont, le premier, de se casser les jambes en tombant, le second, d'être pris pour un voleur, ce qui est toujours infiniment déplaisant. Tous les jours, nous lisons dans les feuilles sous cette rubrique : *Une chasse à l'homme*, le récit mouvementé d'une de ces poursuites données aux cambrioleurs par les agents, cependant qu'en bas une foule malveillante en suit avidement les péripéties. Jérôme était assez adroit pour ne pas redouter une chute. Pour éviter le second ennui, il résolut de se tenir coi, dans quelque encoignure, jusqu'à ce que vînt la nuit dont les ombres donneraient à ses évolutions plus de mystère tout ensemble et de liberté.

Mais il avait compté sans une de ces canailleries que nous fait souvent le destin quand nous sommes déjà assez embarrassés d'autre part. Avant le perdreau interrompu, Julie avait offert à son galant convive un plat de cassoulet qu'elle savait faire à la toulousaine et, bien qu'amoureux, Jérôme s'était empiffré plus que consciencieusement, se bourrant de haricots de Montastruc, les seuls qui conviennent aux cassoulets authentiques, bien supérieurs aux farineux de Soissons qui font plus de bruit que de besogne — j'entends qui ne poussent pas à fond l'aventure guerrière et se contentent d'une mousqueterie aux avant-postes. Ceux de Montastruc, après ces uhlans préliminaires, ont coutume de faire sortir et pousser en avant le gros de l'armée.

Et vous ne me forcerez pas à employer plus longtemps des images d'un goût douteux pour vous annoncer que le pauvre Jérôme fut pris d'une male et intempestive colique dans l'aérienne retraite où il avait rêvé de paix. C'est qu'il fallait, comme tout bon général, songer à loger ses troupes, une dégringolade de celles-ci le long des toits et des murs pouvant attirer l'attention des personnes sans parapluie. Ah ! Jérôme tint bon. Il exhala tout ce qu'il put en tempêtes, rodomontades, canonnades, vantardises intestinales, grondements de tonnerre, soupirs de flûte, gargouillements, fuites en *la* bémol, éternuements fondamentaux, toute la lyre, quoi ! Il ne put pas faire que tout se passât en avertissements, menaces, prologues et exordes. Il lui en fallut venir au fait et prendre ses assises. Très sagement, il le fit au-dessus d'un tuyau de cheminée qui lui servit de *walter scott*, comme disent les Anglais qui prononcent mal. Pour le reste, je vous renvoie à la débâcle.

III

Nous avons laissé notre M. Birotte causant, sans grand abandon, avec sa femme, cependant que le vidame Anatole de Trécourt était toujours blotti derrière un meuble. Enfin il se leva, déclarant qu'il avait une course rapide à faire et rentrerait dans un moment. Sa course ? Parbleu ! remonter un instant jusqu'à la chambre de Julie pour voir si on ne tentait pas de forcer son cadenas.

— Vite ! vite ! reprenez votre chapeau, là, dans la cheminée, et sauvez-vous !

Ainsi parla madame Birotte dès qu'il fut sorti. Anatole, très moulu par une mauvaise position qu'il avait dû prendre, s'en alla de sa cachette, en s'étirant et en geignant doucement. Il obéit, reprit sa coiffure, voulut refaire un bout de conversation, et tenait son couvre-chef à la main, quand M. Birotte rentra brusquement. Il avait changé d'idée.

Plus moyen de dissimuler Anatole. Madame Birotte dut recourir à un éclair de génie.

— Mon ami, fit-elle, en présentant à son mari le vidame très embarrassé, Monsieur de Trécourt, l'expert célèbre qui a entendu parler du Corot que vous avez acheté dix-huit francs et qui vient vous en proposer un prix considérable.

Anatole était ahuri, mais il ne protesta pas. M. Birotte, lui, coupant absolument dans le mensonge, était enchanté.

— Mettez donc votre chapeau sur la table, cher monsieur, fit-il gracieusement au vidame qui obéit, et venez voir l'objet.

En même temps, lui-même posa son propre chapeau à côté de celui du visiteur, sur la table.

Puis il l'entraîna devant une abominable croûte, en disant au vidame :

— Eh bien ! En est-ce un ?

— Authentique ! fit le vidame. Admirable !

— Vous en répondriez ?

— Parfaitement.

— Et cela vaut?

— Oh! trente mille francs pour le moins, fit Anatole, jugeant qu'il fallait être aimable avant tout.

— Il est à vous, cher monsieur! conclut joyeusement M. Birotte, en lui tendant la main. Trop heureux de vous être agréable. Cadre non compris, n'est-ce pas?

— Cadre non compris! fit machinalement Anatole, qui n'en était plus à marchander.

— Topez donc. Ma chère, donnez-nous donc deux verres de porto. Pendant ce temps-là, nous signerons le petit acte de vente.

Anatole s'en remettait aux Dieux de le tirer de ce pas détestable. Il signa et but deux verres de porto avec un plaisir aussi irréfléchi qu'inconscient.

Puis il voulut se retirer pour aller chercher des fonds, dit-il.

— Je vais vous accompagner, poursuivit M. Birotte toujours enchanté. Couvrez-vous, cher monsieur.

Puis, se trompant, il prit le chapeau d'Anatole sur la table, lui laissant prendre, à la place, le sien.

Tous deux saluèrent madame Birotte.

Mais, à la porte, M. Birotte poussa un cri épouvantable. En se coiffant rapidement avec le chapeau d'Anatole, demeuré, comme vous le savez, quelque temps dans la cheminée, il se répandit, sur la tête, toute la crème philosophique que Jérôme y avait déversée, du haut de son observatoire, en rompant avec son cassoulet.

Ah! ce fut épouvantable. Jamais shampoing ne fleura plus discrètement le portugal.

— Pouah ! pouah ! pouah ! criait le malheureux, en osant à peine ouvrir la bouche et en agitant les bras avec désespoir.

Et il y avait écrit, au fond du chapeau d'Anatole, à côté du *Totus tibi* si bien en situation, cette inscription manifestement mensongère : *avec coiffe adhérente !* Quels imposteurs que ces chapeliers !

Eh bien ! voulez-vous que je révèle, dans son horreur, l'âme féminine ? Madame Birotte fut enchantée intérieurement de ce qui arrivait à son mari. Car, dans le tumulte que cela causa, et cependant que Julie, plus pitoyable au malheur, épongeait le malheureux avec des eaux de Cologne, elle fit très adroitement filer le vidame.

M. Birotte ne revit jamais le faux expert. Mais il est résolu maintenant à ne pas donner son Corot pour moins de deux cent mille francs, ce qui nous permettra de le voir bientôt dans la galerie d'un des Mécènes éclairés de ce temps-ci et qui n'achètent pas, à un moindre prix, leurs tableaux.

PERQUISITION

10

PERQUISITION

I

C'était la fin d'une belle journée. Au dehors, un ciel très clair dont le bleu hibernal était comme traversé de transparentes aiguilles de givre; les piétons sonnaient sec sur les trottoirs et le pavé était comme diamanté sous le pas des chevaux. Les promeneurs que la neige, puis la boue, puis la pluie avaient tenus emprisonnés pendant plusieurs semaines, exultaient, dans toute la longueur du boulevard où le couchant mettait des lumières de cuivre tombant obliquement d'un horizon incendié, s'estompant de tons roses en montant vers le zénith. Ce qu'on appelle un bon froid, pour les gens susceptibles de trouver que le froid peut être bon, ce qui n'est l'avis ni des microbes, ni des poètes.

Au dedans, la chambre bien close, fermée aux lumières décadentes du jour, par l'épaisseur des rideaux, éclairée seulement par le feu de l'âtre qui mettait des zigzags rouges aux reliefs des meubles et, par instants, s'extasiait en bouquets d'étincelles aussitôt mourantes dans un délicieux crépitement. Et, au dedans du dedans, plus de bien-être encore : le grand lit tiède de caresses, saccagé comme les foins par l'orage, avec les draps empaquetés et collés au bois du pied par des piétinements furieux ; un arome délicieux de chevelure dénouée et de corps féminin emmoité par les caresses ; la table, non encore desservie, d'un repas qui avait été fait d'un million de baisers.

C'est dans ce décor enviable, à côté d'une personne dodue, jeune, fleurant la santé, d'une ingénieuse polissonnerie avec cela, que notre ami Thomas Titus achevait une journée, laquelle n'avait certes pas été perdue, dans un aimable affaissement de toutes ses facultés, savourant des apaisements infinis avec je ne sais quel pressentiment de revenez-y qui variait, de frissons délicieux, cet état de coma voluptueux, cependant qu'auprès de lui dormait, d'un sommeil innocent et rythmé comme un mouvement de rame sur un lac tranquille, mal enveloppée dans sa chemise grande ouverte, avec pour oreiller l'or fauve de sa lourde crinière, dame Jeanne

Troupet, corps blanc et rose, âme inconsciemment perfide, le modèle des femmes, comme vous le voyez.

Le matin même, son mari, M. Troupet, grand brasseur d'affaires devant l'Eternel, était parti, avec une valise à la main, en lui annonçant une absence de deux jours. Voyez l'amante consciencieuse ! Une heure après, au sortir du lit où il flânait volontiers le matin, notre ami Thomas Titus était prévenu de cet heureux départ. Il n'avait pas, lui-même, perdu de temps. L'apéritif avait été sagement pris sur un divan; mais, après un déjeuner fortifiant, on avait congédié les domestiques, sous divers prétextes, pour la grande bataille qui ne se livre bien que dans un lit hospitalier, avec toutes les aises conjugales qui donnent, à l'adultère même, l'illusion de l'honnêteté. Car vous ne doutez pas, par ce qui précède, que nous ne soyons en plein adultère, état dont madame Troupet ne semblait nullement se préoccuper — les femmes ayant, à ce point de vue, un toupet considérable — mais qui n'était pas sans inspirer quelques vagues terreurs à ce froussard de Titus qui avait lu, dans les journaux, que souvent des maris outragés ont tué les amants de leurs femmes, à moins qu'ils n'aient traîné ceux-ci devant les tribunaux, ce qui est toujours déplaisant pour le fils d'un magistrat, comme Titus ou moi. C'était d'ailleurs le seul revers d'une médaille qui en avait deux cependant, dont l'un bien aimable, la lune de madame Troupet. Celle-ci lui coûtait plus cher, il est vrai, qu'une maîtresse libre. Mais tout le monde sait qu'il en est presque toujours ainsi, les femmes mariées ayant à nous faire payer par-dessus le marché notre honnêteté, et ayant toujours des caprices coûteux, par la seule raison qu'elles ne peuvent avoir que des caprices.

C'était néanmoins la fin d'une belle et amoureuse journée.

Tout à coup, des pas : une servante, sur laquelle on comptait cependant, oubliant la consigne et laissant entrer. Une minute après, un frôlement à la porte de la chambre, trois coups formidables ensuite, et ces mots criés d'une voix brutale : « Au nom de la loi, ouvrez! »

— Nous sommes pincés, fit le malheureux Titus. Le départ de ton mari n'était qu'une frime. Toute résistance est inutile.

Et il passa un caleçon, et il alla ouvrir, en maudissant la destinée et en se préparant nonobstant à une attitude digne devant l'homme qu'il avait outragé et qui s'en vengeait si bassement, cependant que madame Troupet, ne sachant que penser, se blottissait pudiquement dans un coin de drap, malaisément repêché au pied du lit, bossuant délicieusement le dessous du couvre-pied de ses formes abondantes et ne laissant passer d'elle qu'une flamboyante mèche de cheveux semblant la fumée rouge d'un obus.

II

C'est ça ! Vous avez deviné tout de suite que vous avez affaire à un faux commissaire de police et à de faux agents, comme ces détrousseurs de génie qu'on vient, paraît-il, de capturer, ce qui me navre. Car des gens aussi spirituels devraient être respectés de la police d'abord, de la justice après. Ah ! s'ils vont aux assises, que je n'y sois pas juré ! je vous les acquitte d'enthousiasme et je les embrasse à la sortie de l'audience, parce que d'aussi bons tours sont un retour certain à la vieille gaieté française, la grande exilée. Mais le génie ne court pas les rues. Les nouveaux venus étaient donc d'authentiques faiseurs de constats ; l'écharpe du commissaire était vraiment un don de la municipalité. Aussi c'est sans aucun embarras que celui-ci, s'avançant vers Titus, lui dit avec une courtoisie affectée :

— C'est bien à monsieur Troupet que j'ai l'honneur de parler?

Ah! ah ! cela changeait les choses. Il ne s'agissait nullement du constat d'un adultère, mais d'un méfait vraisemblablement commis par le sieur Troupet ! Thomas Titus est un froussard, mais un chevaleresque. Il comprit que l'honneur de madame Troupet ne pouvait être sauvé qu'en laissant le commissaire dans son erreur :

— Oui, monsieur le commissaire, fit-il avec fermeté.

— Monsieur, continua le magistrat, vous n'ignorez peut-être pas que vous êtes compromis dans la déplorable affaire des bons de la Banque Aléatoire dont l'historique se relie aux aventures du Panama. Vous avez été dénoncé et j'ai le regret de vous dire que j'ai l'ordre d'exercer, chez vous, une minutieuse perquisition.

— Qu'à cela ne tienne! répondit Titus qui se fichait pas mal qu'on dérangeât les papiers de Troupet. Je suis sûr de mon innocence.

On ferma, par décence, les rideaux du lit où madame Troupet continuait de se blottir silencieusement. Titus fut gardé à vue sur un fauteuil, toujours en caleçon. Le saccagement commença. Pas un tiroir ne fut oublié et les paperasses s'engouffraient sous les mac-farlanes des agents. Tout à coup, M. le commissaire lut une pièce avec plus d'attention que toutes les autres, fronça le sourcil, relut une seconde fois, serra ladite pièce dans son portefeuille graisseux, en tira un autre papier, un mandat d'amener en blanc et s'exprima ainsi avec une gravité imposante :

— Monsieur Troupet, j'ai le regret de vous dire que j'ai l'ordre de vous arrêter immédiatement et de vous conduire au Dépôt.

— Parfaitement, monsieur, fit Titus à qui les héroïsmes ne coûtaient plus rien.

— Mais la police est courtoise. Elle vous autorise à mettre un pantalon et à faire vos adieux à madame Troupet.

Titus acheva de se vêtir, puis il pénétra sous les rideaux où eurent lieu des embrassements infinis.

— Merci, homme sublime! lui avait dit la bien-aimée.

De tels mots, sur de belles lèvres, ne consolent-ils pas de tous les sacrifices!

III

Mon ami Thomas Titus subit, depuis un mois, les horreurs de l'instruction, sans s'être démenti un moment, sans s'être départi de son noble rôle. Celui-ci est d'autant plus pénible, que le juge d'instruction le traite comme le dernier des derniers. Ne lui a-t-il pas dit, à son dernier interrogatoire :

— Vous êtes, Troupet, un des scélérats les plus complets que j'aie rencontré dans ma longue carrière. Homme d'affaires véreux, vous êtes, en même temps, mari complaisant. Votre femme a un amant.

Notre ami Thomas Titus eut un sourire d'une indéfinissable ironie, laquelle n'était pas sans une pointe d'orgueil. Le magistrat continua :

— Cet amant est un imbécile, la risée de tout le quartier, qui se laisse gruger abominablement par votre digne épouse. J'ai des notes précises à ce sujet.

— Je voudrais bien les voir, fit Titus qui commençait à la trouver mauvaise.

— Elles vous couvriraient de trop de honte et j'ai

pitié de vous, fit le juge en haussant les épaules. Et il continua à poser, touchant l'émission des bons de la Banque Aléatoire, d'insidieuses questions au malheureux Titus qui répondait à tort et à travers, niant à faux, avouant sans le vouloir, compromettant de plus en plus le vrai Troupet dont il n'était que le mandataire devant la justice.

— Ah! vous n'êtes pas comme l'amant de votre femme, vous! lui dit le magistrat, de temps en temps. Vous êtes un retors, un malin, mais je vous ferai payer, mon gaillard, tout le mal que vous me donnez. Vous resterez des années au secret, s'il le faut, — vous ne serez pas le premier, mais vous avouerez la vérité.

Ainsi la torture de ce sublime Titus n'est pas près de finir.

Que fait pendant ce temps madame Troupet? Pleure-t-elle? Lui envoie-t-elle des confitures, ou bien des pommes avec des ressorts de montre taillés en scies microscopiques dedans? Allons donc! Madame Troupet est tout simplement à Monaco avec son vrai mari. Seulement celui-ci que la justice, qui tient un innocent, ne songe pas une minute à inquiéter, a trouvé très plaisant de prendre le nom de Thomas Titus. On se le montre, au Casino, comme l'amant heureux de la femme d'un gredin qui est sous les verrous.

— Vous voilà bien débarrassée, madame, lui disent des personnes charitables, mais indiscrètes, avec des sous-entendus dans le sourire.

— Ne m'en parlez pas! fait en minaudant madame Troupet.

Si le vrai Titus n'était au secret, il pourrait lire dans les journaux qu'il vient de gagner un troisième prix au tir aux pigeons, ce qui ne manquerait pas de le surprendre. Car, comme Séverine et moi, il exècre cet abominable plaisir.

Voilà pourtant où conduit trop de chevalerie avec les dames.

Vous croyez peut-être que ce cruel malentendu cessera à la première confrontation? Détrompez-vous! Après deux ans de secret, Titus sera méconnaissable à ses meilleurs amis, et, devant l'étonnement de ses complices, M. le juge s'écriera :

— Non! de ma carrière déjà longue, je n'ai jamais vu un homme sachant aussi bien se grimer!

Et ses complices, n'ayant rien à craindre des révélations d'un inconnu, s'écrieront à leur tour : C'est vrai! c'est Troupet!

O mes enfants, que ce récit vous préserve des dangereux plaisirs de l'adultère, et du commerce, plus dangereux encore, des magistrats!

LE PARATONNERRE VÉGETAL

LE PARATONNERRE VÉGÉTAL

I

« J'ai tout lieu de penser, Messieurs et chers élèves, que la Nature, prévoyante en tout, a mis, tout près de l'homme, un préservatif de la foudre, puisqu'il est de son essence de nous offrir toujours le remède à côté du poison. Mainte fois ai-je eu l'occasion de vous faire constater, chez les plus humbles simples, des propriétés formidables et inattendues. Je suis certain qu'un observateur sagace et consciencieux découvrira que certains lieux sont indemnes aux effets terribles de l'orage, grâce à quelque plante qui en détourne les effets. J'ai déjà, moi-même, quelques données à ce sujet. Mais vous me permettrez d'abréger aujourd'hui, de quelques instants, ma leçon. Un devoir d'amitié à remplir. Mon plus vieux compagnon de jeunesse, le studieux Onésime Pételard, dont c'est la fête et que je n'ai pas revu depuis dix ans. Vous m'excuserez donc, *o cara soboles*, si j'interromps ici ces palpitantes communications. »

Et M. Pertinax Fariboul, professeur à la Faculté des sciences de Montélimar, docteur en Sorbonne provençale, s'inclina doucement, pour prendre congé de ses élèves.

Ce n'était pas un homme ordinaire que ce savant. Membre d'un nombre considérable de sociétés, correspondant de l'Institut libre de Voiron, officier d'académie de la république d'Andorre, lauréat des jeux thermométriques de Soissons, apprécié aux quatre coins de la France et ayant eu même l'honneur d'une lecture à l'Institut, cet homme essentiellement doux, marié à une femme fort laide, toujours fichue comme quatre sous, jouissait d'une estime méritée, dépensant son petit avoir en expériences utiles au bonheur de l'humanité. Il avait beaucoup travaillé la question du choléra des souris qui, injecté aux nôtres, en détruisait rapidement la prolifique et ravageuse espèce. Il est juste d'ajouter qu'il était arrivé simplement à faire mourir son chat dans d'effroyables coliques. Mais son chef-d'œuvre, le mémoire qui lui avait valu une médaille de troisième classe à l'Athénée de Joigny, avait pour titre : *Remarque sur certains effets de la foudre et notamment sur la nature de son bruit, dans l'hypothèse très vraisemblable où la lune serait habitée, avec planches et projections coloriées*. C'est madame Fariboul, elle-même, qui avait posé pour ces dessins et elle y apparaissait sous la plus jolie de ses faces, celle qu'elle montrait le moins souvent.

Rentré chez lui, M. Pertinax Fariboul prévint Madame qu'il allait faire une petite absence. La veille, en effet, il avait écrit à son plus vieux compagnon, le studieux Onésime Pôtelard qui, depuis son propre mariage, à lui Pôtelard, avait tout à fait cessé de lui donner de ses nouvelles, ce petit billet touchant :

« Méchant ami, je t'ai enfin découvert ! Oreste, que t'avait fait ton Pylade? C'est demain ta fête et je n'y tiens plus. Demain je serai près de toi, à moins que tu ne me mettes à la porte. En tout cas j'arrive. Euryale laissera les fleurs, s'il le faut, sur le seuil de son cher Nysus. — Ton fidèle Pertinax. »

Madame Fariboul, qui n'aimait pas à rester seule, fit bien un peu de musique. Mais son époux la calma en lui promettant de lui rapporter des nonnettes, une friandise dont elle faisait grand cas. Avez-vous remarqué, à ce propos, que l'irréligion contemporaine affecte volontiers des noms de religieuses à des comestibles friands, pour insinuer, sans doute, que ces pauvres filles étaient gourmandes. Eh bien, après? Puisqu'elles n'avaient pas autrement de distraction honnête ! C'est comme les pets de nonnes. Que voulez-vous que fissent ces pauvres filles, pour se distraire dans leurs couvents quand avait sonné le couvre-feu, je veux dire le dernier Angélus? Eteindre la lumière, souffler la bougie le plus gaiement possible, et j'estime qu'elles n'y devaient pas manquer.

II

Un bonhomme qui fit une tête en recevant la missive de M. Pertinax Fariboul, ce fut le nommé Onésime Pételard. Un indiscret, son plus vieil ami, il est vrai, avait fini par le dénicher dans la retraite où il cachait si bien sa jolie femme Henriette! Car Pételard était jaloux, non pas comme un seul tigre, mais comme une jungle tout entière. J'ai déjà dit ailleurs le néant et le ridicule de cette névrose, mais cet imbécile lisait un tas de livres inutiles au lieu de s'instruire dans les miens où la seule morale est enseignée. J'ai dit que la jalousie était, en amour, l'expression la plus féroce, la plus stupide et la plus dangereuse des deux vices qui me sont le plus odieux : l'égoïsme et l'amour-propre. Vous comprenez maintenant si j'ai quelque estime pour ce croquant qui emprisonnait une délicieuse femme de peur que quelque pauvre diable ne se réchauffât sournoisement au soleil de ses yeux. Sale avare, va! Je dois dire cependant que la promesse de la visite de Fariboul l'épouvanta moins qu'aucune autre.

— Celui-là n'est pas dangereux, pensa-t-il; il est si laid! *In petto*, il ajouta : D'ailleurs, je les surveillerai.

Quant à Henriette, en apprenant qu'on allait voir enfin un autre visage vivant que celui de son mari et de ses domestiques, elle sauta intérieurement de joie, exercice extrêmement difficile et que la Loïe Fuller elle-même n'a pas encore osé aborder. C'est que l'innocente créature — et elle était aussi jolie qu'innocente, la mâtine, avec ses grands yeux bleus et sa bouche rose — ne comprenait rien aux humeurs farouches de son Othello provincial. Aussi, avec une maladresse parfaite de pensionnaire mal aiguisée encore à la vie, elle résolut de faire un accueil très aimable au voyageur pour le retenir plus longtemps. Aussi quel sourire à l'arrivée! un sourire de jeune femme cordiale et franche, au demeurant, rien de plus. Ce n'en fut pas moins, pour Pételard, un réveil de sa terrible maladie. De plus, Pertinax portait un paquet sous le bras, un paquet mal défini... Le *Dictionnaire des Soupirants* peut-être ou quelque autre recueil de déclarations amoureuses à l'usage des séducteurs de profession et autres larrons d'honneur. Enfin, autre indice grave : Pertinax, qui était ordinairement habillé comme un singe de foire, était mis avec une recherche trahissant évidemment de coupables intentions. Le nœud de sa cravate — chose incroyable — était par devant. Son pantalon couvrait ses bottes au lieu d'en être débordé. Enfoncé Brummel! Il semblait avoir ses deux bretelles. Tiens-toi bien, Paul Bourget! Détail plus menaçant encore et plus inattendu : il sentait bon!

C'est à table surtout que notre Pételard observa leur manège. Ah! l'illusion ne lui fut pas possible longtemps. Le langage de la pantomime s'est tellement répandu dans les masses, maintenant! Très nettement, à un certain moment, la gesticulation de Pertinax voulait dire à madame Pételard : — Pourquoi pas tout de suite? Et celle de la jolie Henriette, en réponse, signifiait : — Pas encore! Puis, le regard de Pertinax interrogeait : — Où? A quoi madame Pételard répliquait en désignant, de son joli index fuselé comme une baguette d'ivoire, une fenêtre, celle d'une chambre du rez-de-chaussée, tout enveloppée de verdure et certainement la plus agréable de la maison en cette saison.

Le doute n'était plus possible. Onésime Pételard ne put retenir un ricanement infernal.

— Dieu te bénisse! fit le doux Fariboul qui crut qu'il avait éternué. Et il ajouta : C'est l'approche de l'orage. J'ai souvent remarqué cet effet. Ainsi, dans l'hypothèse que j'accepte volontiers, pour ma part, où le nez des habitants de la planète Jupiter serait dix-sept millions de fois plus gros que le nôtre, il se pourrait que le bruit du tonnerre fût tout simplement l'écho, répercuté par les espaces célestes, de leurs gigantesques coryzas. Cette théorie est même plus aisée à développer devant les dames que celle qui attribue ce vacarme aux indiscrétions de Phébé.

— Je t'apprendrai à développer devant les dames, mon gaillard! grommela Pételard. Et son parti était pris : celui de sévir au plus tôt.

III

Sous prétexte d'aller tirer les chauves-souris qu'affolait déjà l'approche de l'orage, il était descendu dans le jardin, son fusil sous le bras, et s'était mis en observation derrière un arbre, guettant la croisée toute mélancolique où pendaient les volubilis refermés par la nuit, et qu'avait si imprudemment désignée le doigt de sa femme. Il faisait un temps couvert que de lointains éclairs déchiraient. Un bon temps pour la vengeance! Soudain les volets s'ouvrirent doucement, comme il l'avait prévu, et M. Pètelard put fouiller du regard la demi-obscurité de la pièce. Il vit très distinctement, tout près du rebord de la fenêtre, une tête qui parut se pencher. Elle était surmontée, comme un chignon, d'un bouquet de feuillage. Pour consommer l'adultère, Madame avait cru devoir mettre des fleurs dans ses cheveux! La silhouette se dégageait d'une large collerette comme Henriette la portait précisément. Cette tête était immobile, dans l'attitude de la rêverie qui précède ou qui suit le suprême bonheur. Car rien ne ressemble davantage au crépuscule du matin que le crépuscule du soir. Mais une autre ombre apparut et, cette fois-là, il n'y avait pas à s'y tromper : celle de Pertinax, du perfide Fariboul en personne, et cette ombre, d'un geste rapide, passionné et qui n'avait rien d'ambigu, prit amoureusement la tête entre ses mains et en rapprocha son visage, sans qu'aucune résistance fût faite à cette inconvenante familiarité.

Ah! les fusils partent quelquefois seuls. Pan! Pan! Les deux coups secs se détachèrent sur un roulement vague de tonnerre. Epouvanté du massacre qu'il venait de faire, M. Pételard ne se détourna pas. Il courut à la chambre de sa femme qu'il trouva en train de faire tranquillement sa prière. — C'est lui que j'ai tué! pensa-t-il. Et il ajouta d'une voix sinistre : Madame, vous faites bien de prier! Puis il monta à la chambre de Pertinax qu'il trouva très paisible à sa table de travail, en train d'écrire des notes devant un énorme melon. Comme il le considérait, ahuri, se demandant si ce n'était pas au spectre de son ami qu'il avait affaire, l'excellent Pertinax lui dit du ton le plus affectueux :

— Ah! mon ami! quelle découverte! Mais écoute un peu. Tu n'as rien entendu?

— Non, répondit cyniquement Onésime Pételard.

— Eh bien! imagine-toi que me rappelant ton goût enfantin pour le melon, je t'avais apporté celui-ci qui vient de mon jardin, que j'ai fumé moi-même. C'était une surprise pour ta fête. Je voulais qu'on le mangeât le soir, mais ta femme n'y a jamais consenti. Elle a prétendu qu'il serait plus mûr demain. J'aurais mieux fait de suivre mon idée, au point de vue du melon. Mais non, c'est la Providence qui l'a voulu. On l'avait mis, figure-toi, pour le mieux conserver, dans la chambre la plus fraîche de la maison, et, avant de me coucher, j'avais voulu, tout à l'heure, aller vérifier son état; quand un des phénomènes les plus curieux de ma vie de savant se passa devant moi. Au moment où, ayant ouvert la croisée, je portais le fruit à mon nez pour le sentir où tu sais (et où je ne voudrais pas te sentir pour un empire), un double éclair sillonna la nue, la foudre gronda par deux fois et le melon me tomba des mains. Le voici. Regarde !

Pételard regarda. Le melon portait deux trous estompés de noir.

— Je me tâtai avec effroi, continua Pertinax. Je ne me sentis aucun mal. J'allumai une bougie ! Aucun désordre dans la chambre. Et cependant la foudre était tombée là. Les traces en sont palpables ! Quelle découverte, mon ami !

— Comment ? Quelle découverte ?

— Mais les puissances de ce fruit pour détourner les effets de la foudre, ou plutôt pour en absorber les dangers. Plus d'aiguilles au-dessus des toits, mon ami ! Un simple melon sur la tête ! Il y aura même des gens qui se serviront, à eux-mêmes, de coiffure ! Le Paratonnerre végétal est inventé, Onésime ! Mon rêve ! mon rêve !

Et il ajouta encore :

— Tu m'excuseras auprès de ta femme. Il faut que j'aille absolument annoncer la bonne nouvelle à mes élèves qui doivent mourir d'impatience autour de mon amphithéâtre ! Adieu ! adieu ! Tu me pardonnes de te quitter ?

— Ah ! oui ! fit l'infâme Pètelard, en dissimulant à peine un grand soupir de soulagement. Car il est des mauvaises natures qui n'ont pas besoin de s'excuser, elles-mêmes, des jugements injurieux qu'elles ont portés sur des innocents.

L'AMOUR GUÉRI

L'AMOUR GUÉRI

I

Au diable, s'il en veut, les bals de l'Opéra !
Je veux être pendu quand on m'y reverra.
— Plainte de carnaval, serment hebdomadaire !
Propos d'un éclopé dans un débarcadère !
Promesse d'un joueur le jour qu'il a perdu,
On y revient toujours et l'on n'est pas pendu.

Mais que faut-il que nous soyons bêtes! Il est vrai que vous voyez des gens ne pas manquer un enterrement, prendre l'habitude de suivre les convois. C'est absolument la même maladie. Voilà vingt ans que le carnaval est mort — au moins à Paris, — et nous ne pouvons pas nous débarrasser de la coutume de l'enterrer solennellement, dans l'expiatoire chapelle du citoyen Garnier où le bon goût des directeurs actuels de l'Opéra accumule les délices provinciales dont se repait, à Nice, le rastaquouérisme international. Et j'ai fait comme les autres. J'ai suivi le corps; j'ai même dû dépasser le cimetière et pénétrer, comme feu Orphée, mon patron, dans le pays des ombres; car l'humanité ne saurait atteindre, seule, à ce degré de lugubre-là. C'est vraiment de la gaieté posthume. Mais je n'ai pas regretté mon temps. Car j'ai rencontré mon ami Cadet-Bitard qui me donnait beaucoup d'inquiétude. Ne voilà-t-il pas qu'il s'était sérieusement énamouré d'une Lélia et que ce jovial était devenu un mélancolique. J'ai vu tout d'abord à sa mine qu'il allait mieux.

— Serais-tu donc guéri? lui demandai-je.

— Parfaitement, me répondit-il.

— Et comment es-tu arrivé à cet heureux résultat?

— Mais, tout simplement en expropriant mon ancien amour et en vendant le terrain à un autre.

— Mais es-tu sûr que l'autre paiera?

— Ce soir même. Et si je n'ai pas touché d'arrhes tout de suite, c'est que je n'ai pas voulu.

— Faquin! Voyons un peu la méthode curative que tu as employée?

— J'ai commencé, prudemment, par les demi-mesures. Le vrai remède, suivant un philosophe de mes amis, consiste à découvrir une personne ressemblant aussi exactement que possible à celle dont on ne peut chasser l'image. Ce genre de recherches n'a rien que d'agréable à Paris. Le nombre des types de femmes méritant d'être distinguées d'un homme d'éducation est fort restreint. La race est inexorable. Pour tout ce qui est bâtard et mâtiné, nous n'en parlerons seulement pas. C'est affaire aux petites gens qui ne sont préoccupées que de se reproduire. Car vous remarquerez — et plastiquement c'est un malheur — que les femmes bourgeoisement laides sont les plus fécondes. Les femmes absolument belles, messeigneurs, sont volontiers stériles, comme si la Nature renonçait à tirer d'elles quelque chose d'aussi parfait qu'elles-mêmes. J'essayai donc le remède de mon ami le philosophe, un disciple d'Horace qui préconise la même méthode. Elle est détestable. De concession en concession, pour se convaincre d'une ressemblance, on dégrade son idéal. C'est du propre. J'ai pris le taureau — non, j'ai pris moi-même par les cornes, — car l'excellente Lélia m'avait emboisé délicieusement — et j'ai résolu de me traîner devant un autre autel où l'encens ne fleure pas le même parfum. J'ai changé de religion en ma présence. J'ai apostasié à ma propre face. J'ai déserté le temple de la Beauté brune, — Lélia avait la chevelure bleue — pour celui de la Beauté blonde. Myriem est blonde comme un peuplier automnal. Il y a moins loin du Capitole à la Roche Tarpéienne.

II

— Et quel bedeau bienveillant t'ouvrit la chapelle où tu fais maintenant tes dévotions et où tu n'as encore pris qu'un peu d'eau bénite?

— Le hasard fut ce bedeau. Très désœuvré — car un amour qui vous quitte vous laisse un temps effrayant, en ce qu'il vous fait penser à tout celui que vous avez perdu! — j'étais allé passer, au Jardin d'Acclimatation, une de ces après-midi de faux printemps qui commencent par une petite pluie tiède et finissent par une gelée, climat que les médecins adorent. Aussi désœuvré, après en avoir franchi le seuil assourdi par les aboiements des chiens, qu'auparavant, je m'étais arrêté machinalement devant des oiseaux battant d'une aile mutilée l'air froid, ce qui s'appelle, paraît-il, être en liberté. Un savant suisse, qui ressemblait à M. Brunetière, était en train d'expliquer à une vieille dame comment ce sont les cigognes qui ont inventé les lavements. L'histoire est simple et morale en diable. Heureusement eut-elle un observateur consciencieux. Une cigogne donc, voyant sa camarade souffrante et le ventre gonflé, eut l'idée d'aller remplir son long bec d'eau, puis de l'insinuer postérieurement (jamais le mot ne fut mis plus au propre) sous les plumes constituant la couronne anale de la pauvre bête, en y soufflant le liquide avec précaution. L'animal œgrotant fut presque aussitôt soulagé. Un médecin athénien, qui revenait du cercle où il avait chipé de nombreux sesterces à ses contemporains, fut frappé de cette guérison. Justement il allait voir un archonte qui se mourait littéralement de ne pouvoir se soulager. Les fonctions de magistrat ont été, de tout temps, particulièrement constipantes. A peine arrivé chez son client dont le feu Saint-Antoine ardait positivement le fondement (voir Rabelais sur cette maladie), se gonfler les joues d'une demi-amphore d'eau stérilisée et recommencer sur son client l'expérience de la cigogne, fut pour cet homme, trop veinard au jeu de l'oie, mais dévoué, l'affaire d'un instant. Seulement, par ce procédé élémentaire, poussa-t-il, aux entrailles solennelles du magistrat, autant d'air que d'eau, si bien que la délivrance de ce malheureux s'accomplit avec un vacarme qui fit croire à une révolution. L'agora fut immédiatement envahie par une foule qui se retira vivement, en se bouchant le nez. Car les vents de l'archonte sentaient les vieux procès et exhalaient des poisons procéduriers qui eussent asphyxié un huissier lui-même. On eût dit que notre Joliette marseillaise naissait au Pirée. N'importe, la seringue était inventée. Et il paraît qu'en ayant soin de ne pas aspirer d'air par le nez, en opérant, c'est encore ce qu'il y a de plus onctueux comme lavement.

— Veux-tu m'aider à en faire l'expérience? lui demandai-je.

— Merci! me répondit Cadet-Bitard, j'ai mal aux dents et ne puis supporter d'eau dans ma bouche. Donc tout le monde écoutait le savant suisse avec un recueillement narquois. Seule, une jeune femme ne prenait même pas la peine d'étouffer ses rires étincelants. C'est qu'elle avait à montrer des dents superbes. Je m'en sentis mordre tout de suite, en plein cœur. Le reste était à l'avenant et si différent de ce qui me charmait en Lélia ! Une chevelure d'un blond ardent qui avait des lumières de cuivre aux parties lisses et des tortillements de flamme aux boucles insoumises. Des yeux bleus, mais non de ce bleu sombre qui se creuse, sous le regard, comme un abîme; des yeux d'un azur pâle avec des paillettes d'or, comme ceux des chats; la bouche moyenne avec un beau retroussis de chair vive, formant l'arc supérieur des lèvres. Pour le reste, un Primatice, tandis que Lélia était un tantinet boulotte. Enfin une créature superbe et portant, en soi, tous les éléments du renouveau cherché.

Encline à la familiarité avec cela, car, un instant après la conférence clystérale du savant suisse, nous cheminions, dans une allée relativement déserte, côte à côte d'abord, puis bientôt le bras sous le bras. Je me gardai bien de lui dire l'état de mon esprit et ce que j'attendais d'elle. Je ne sais pas, en effet, de langage plus malhonnête à tenir à une femme que celui-ci : « Madame, j'ai dans le cœur un vieil amour qui m'encombre et que vous seriez bien aimable d'en balayer. » Mais les femmes ne sentent pas, aussi vivement que les hommes, combien ce genre de discours est injurieux, comme elles ne se doutent guère du mal qu'elles nous font quand elles nous disent qu'elles nous reviennent « par raison ». Pourquoi pas « par autorité de justice »? Enfin, ma compagne m'avoua donc qu'elle avait à me faire vider de son cœur les traces d'un monsieur qui avait déposé pas mal d'incongruités le long de son existence. Comme c'est flatteur! Elle me dit que je n'aurais pas grand'peine à le faire oublier! Comme c'est gracieux! Autant me dire tout de suite : Votre prédécesseur était si déplaisant, qu'en étant simplement insupportable, vous ne lui irez pas encore à la cheville. Enfin les femmes sont comme ça! Elle m'a même dit le nom du déposeur d'ordures! Il se nomme Gustave. Elle, elle se nomme Myriem; et elle est belle comme le jour; et je l'adore : et je l'attends. La voici!

III

Une fort belle créature, enveloppée d'un domino bleu, mais perfide et comme fluide sur sa beauté plantureuse, était devant nous. On fit le petit tour traditionnel; et j'emmenai Cadet et sa nouvelle maîtresse souper avec moi. J'aime à bénir les unions illégitimes. C'est un petit morceau de curé qui est en moi. Ah! les gredins! Ils ne m'épargnèrent aucune des petites malpropretés qui font des amoureux un sujet de dégoût pour tous les voisins. Ils mordirent à deux aux mêmes crevettes, communièrent avec des boulettes de pain trempées dans des sauces, burent dans le même verre en y laissant de volontaires traces. Enfantillages charmants de l'amour! Ah! comme les soupeuses ont raison de rayer les glaces du cabinet avec leurs bagues! Cela nous empêche, au moins, de nous voir nous-mêmes dans ces stupides occupations! Puis ils se penchèrent l'un vers l'autre pour se dire à l'oreille de douces choses. Tout à coup, ils se levèrent avant que j'eusse eu le bon goût de les devancer pour leur laisser la place.

— Adieu! fis-je à Cadet.

— Non! je viens avec toi, dit-il.

Et, à mon grand étonnement, il mit Myriem en voiture avec un salut respectueux.

— Ah çà! diable! que s'est-il passé entre vous? lui demandai-je quand le fiacre se fut éloigné.

— Oh! rien! me dit-il négligemment. Il paraît que je ne pouvais pas lui dire une phrase tendre, sans l'appeler par distraction Lélia. Mais ce qui est certain, c'est qu'elle m'a appelé Gustave tout le temps, sachant très bien que je me nomme Cadet.

— Ah! mon pauvre Bitard, mon vieux faiseur de sonnets paillards! Chère baderne qui me ressembles! Pantagruélique compagnon que la lecture de Bourget a perverti, vieille pantoufle que je crois à tous pieds, c'est qu'il est rudement plus obstiné que tu ne le penses, le mal de l'amour, et qu'on ne le guérit pas aussi aisément que la constipation en se faisant souffler au derrière, même par une très jolie personne, un peu de changement!

JOVIALITES

JOVIALITÉS

I

— Eh bien, me dit avec un grand accent de curiosité mon amie en tout bien tout honneur, la jolie comtesse de Sainte-Frimousse, votre ami Cadet-Bitard est marié !

Et, de ses jolis petits doigts blancs, fuselés comme de l'ivoire aux veines roses, elle me tendait un verre de vespétro, connaissant mes goûts, et s'asseyait auprès de moi, dans un délicieux froufrou de jupes parfumées.

12

— Non! comtesse, lui répondis-je. Cadet-Bitard — ma loyauté me fait un devoir de vous le dire — n'est pas marié.

— Mais il est resté à Castelnaudary. C'est donc que sa cour à sa fiancée y dure encore.

— Non, comtesse, sa cour à sa fiancée est terminée depuis longtemps.

— Je ne comprends plus. Alors que devient-il là-bas?

— Mon Dieu, chère comtesse, répondis-je, avec un certain embarras, vous me demandez ce que Cadet est devenu là-bas? Eh bien, je ne sais comment m'exprimer. Mais je vous dirais, si ce mariage avait eu lieu, qu'il y est devenu son... beau-père.

— Hein? Il a profité de l'occasion pour en faire un de plus!

— Comme vous le dites, comtesse. Et un homme infiniment respectable, ancien conservateur des hypothèques, dont je lui avais recommandé les habitudes tranquilles comme un gage de bonheur, au cas où il aurait vécu avec ses beaux-parents.

— Mais comment cela s'est-il fait que, parti pour faire une fin, il en ait profité pour recommencer?

— Permettez-moi, comtesse, de vous cacher cette histoire qu'une lettre de Cadet — qui m'a toujours tout confié — m'a cependant contée dans ses moindres détails.

— Vous défiez-vous de ma discrétion, monsieur?

— Non! assurément, chère comtesse, répliquai-je

en baisant le bout de ses petits doigts blancs fuselés comme de l'ivoire aux veines roses.

— Eh bien, alors ?

— C'est que l'aventure est d'un goût douteux... voire d'un parfum gaulois, n'ayant rien de commun avec celui du mimosa.

— Je suis précisément très enrhumée du cerveau.

— Non vraiment... Mon récit pourrait vous gêner.

— N'ai-je pas ce large éventail derrière lequel je puis rougir à mon aise et dont les battements d'aile emportent au loin tout ce qu'on me dit ?

— Vous le voulez absolument ?

— Absolument.

Et voici comment, en employant les plus délicates périphrases, je fis, à la jolie comtesse de Sainte-Frimousse, dans un délicieux froufrou de jupons parfumés, le périlleux récit que je ne recommence qu'en tremblant.

II

Vous vous rappelez, madame, comment les choses étaient venues. Cadet-Bitard avait résolu de se marier enfin quand notre commune amie, l'excellente douairière de Lapinsauté, lui parla de cette jeune fille élevée à Castelnaudary dans d'excellentes traditions provinciales, et douée d'ailleurs d'une dot honnêtement acquise, ce qui est une rareté par le temps qui court. Cadet a des idées très sages, à cet égard. Il veut une femme qui le change des cocottes, c'est-à-dire économe et intelligente. Il trouve que, sans cela, se marier est inutile, et il a raison. Ce n'est pas la peine d'avoir un foyer pour y entendre chanter *Ma Gigolette*. Fortune irréprochable, éducation austère, mademoiselle Trouminet réunissait ces deux qualités maîtresses à un extérieur suffisamment aimable. Car Cadet n'est pas une canaille, et entend faire son devoir à la maison, absolument comme s'il payait son plaisir. C'est encore un sentiment d'une rare délicatesse et dont peu d'hommes sont capables aujourd'hui. Pour la famille, je vous ai dit : un père, ancien fonctionnaire et jouissant d'une grande estime, et on ne lui avait rien dit de la mère, sinon qu'elle était tout ce qu'il y a de moins acariâtre au monde, ce qu'on attend généralement peu d'une future belle-maman.

C'est la première personne, d'ailleurs, dont Cadet me parla dans sa première lettre dans laquelle il fut à peine question de sa fiancée. Madame Trouminet lui plaisait tout à fait. Une bonne grosse rebondie, beaucoup plus jeune que son décrotteur d'hypothèques de mari, ayant deux fois vingt ans plutôt que la quarantaine, tant elle avait de belle humeur et de jeunesse comprimées — un double printemps enfermé dans un automne.

— Alors, vous auriez dû pressentir tout de suite.

— Non, comtesse. Malgré son enthousiasme, Cadet était respectueux dans l'expression désintéressée de ses compliments, et rien ne semblait changé dans ses intentions, puisqu'il me fourrait un tas de commissions pour l'achat de son propre trousseau et de ses cadeaux de noces. Je vous ai dit qu'il a fallu une aventure d'un caractère très particulier pour l'enrayer sur son chemin de Damas. Mais m'y voici.

Les Trouminet habitaient une des plus jolies maisons de Castelnaudary et des plus confortables. Mais tout cela est relatif et il s'en fallait de beaucoup que le bien-être prévoyant, anglais ou américain, dont on jouit maintenant dans les grandes villes d'Europe, y eût pénétré. C'est ainsi que :

Le lieu solitaire et discret
Que le parfum du sacrifice
Révèle au pèlerin discret,

comme a dit un charmant poète qui, pour plus de clarté, ajoute encore :

Là, sous un bosquet de lavande,
Chaque jour vient quelque mortel
Déposer sa timide offrande
Qui fume et se perd sous l'autel.

Le *buen retiro*, qui est devenu un petit palais dans nos habitudes d'élégance parisienne, laissait également à désirer au point de vue de l'éclairage et surtout des dimensions. Une vraie cellule dans une prison de nains. La lecture des journaux y était impossible, ce qui fait qu'on n'en recevait pas dans la maison. Ajoutez un loquet capricieux et qui, de temps en temps, refusait absolument le mystère au premier occupant.

Et maintenant, comtesse, pardonnez-moi, si je

vous amène, respectueusement, comme en un pas majestueux de pavane, dans cet endroit décrié, ne vous en prenez qu'à vous-même. Combien j'aimerais mieux cependant vous escorter au bord de la mer Syracusaine où la lyre de Théocrite chante encore dans les échos, en ce voyage que j'ai toujours rêvé avec vous, si bien faite pour imposer les idylles, parmi la double floraison des plantes autrefois sacrées et de mes immortels souvenirs, vous qui seriez si bien Amaryllis ou Glycère! Sous les belles nuits étoilées, nous marcherions ensuite dans les sables où je baiserais dévotement, à deux genoux, l'empreinte de vos pas! Nous écouterions la plainte du cyclope Polyphème encore tressaillant sous les pierres du rivage et nous boirions, avec nos lèvres pour coupes, ces aromes divins de la mer qui mettent une brûlure délicieuse de plus dans les baisers! Ce serait un embaumement venant à nous des plaines voisines, toutes constellées d'hyacinthes et de crocus et d'anémones, au souffle si doux que les délicats seulement, les amoureux et les poètes s'aperçoivent qu'elles ont une odeur.

Mais jamais nous n'en avons été si loin!

III

Un joli petit dîner provincial que suivait une réception intime. On n'avait encore rien dit à personne, — mademoiselle Trouminet, en particulier, — et c'est bien heureux! — que le nouveau venu était un fiancé. Mais ce n'en était pas moins une présentation dissimulée aux meilleurs amis, l'occasion de savoir leur impression sur Cadet-Bitard dont tous ignoraient d'ailleurs l'immorale jeunesse et la fâcheuse renommée. Vous voyez d'ici le juge de paix Demasson, le capitaine de gendarmerie Golo, les Lapétasse et les Trouillenville, débris de deux vieilles familles languedociennes, l'abbé Casse, vicaire de Saint-Agapet, le sous-préfet Partout, le notaire Amolli, le dessus du panier, quoi! Madame Trouminet, demeurée un tantinet coquette, avait fait une toilette du meilleur goût, mais dans laquelle elle était visiblement sanglée. Ces sortes d'emprisonnements charnels, auxquels se condamnent volontiers les dames un peu dodues, ne sont pas sans une saveur tentatrice. Sous ces étoffes despotiques et violentées, on devine de grands et chauds instincts de délivrance, toute une nature rebelle, copieuse, exaspérée, prête à bondir vers de caressantes libertés. On maudit tous ces lacets, tout ce harnachement intérieur, tous ces cordons, toutes ces ceintures attachées aux jarretières qui maintiennent cet édifice de pudeur qu'on voudrait voir s'écrouler en un grand éclat de chairs lumineuses et déliées.

Ce fut l'impression de Cadet, pendant tout le dîner, en regardant, du coin de l'œil, sa future belle-mère, ce qui ne l'empêcha pas, d'ailleurs, de manger sa part d'un cassoulet familial, dont chaque haricot semblait enfermer l'âme d'un ange, dont chaque morceau de confit fondait, dans la bouche, en ineffables saveurs. Qui ne connaît les cassoulets de Castelnaudary, n'a qu'à partir pour la Terre-Sainte, y faire pénitence. Le cassoulet est bon enfant, mais rancunier. Il convient de le traiter avec discrétion. Cadet eut tort de ne pas s'en souvenir.

Comme on prenait le thé, vers dix heures, avec quelques brioches, cependant que les Lapétasse gagnaient au whist les Trouillenville et que l'abbé Casse essayait de convertir, *inter pocula*, le notaire Amolli, extrêmement voltairien, comme son nom l'indique, Cadet éprouva le besoin d'un pèlerinage vers l'endroit si bien décrit plus haut par un charmant poète. Sournoisement il s'y rendit, mais avec un bougeoir dont la flamme s'éteignit au premier courant d'air, ce qui l'y laissa dans une complète obscurité. Vous me direz, comtesse, qu'on y voit toujours assez de l'œil, dont le monocle ordinaire s'appelle Pantalon. Mais ce qui le gênait davantage, c'est que le sacré loquet n'avait jamais voulu marcher, si bien qu'il était mal clos et à la merci d'une visite inattendue, ce que détestent les gens d'un caractère peu mondain.

Sa terreur d'être dérangé augmenta quand il crut entendre des pas se rapprocher et un bruissement d'étoffes. Mais ce vacarme cessa tout à coup; un silence rassurant, bien que traversé de petits bruits mystérieux à peine sensibles y succéda. Il y a des gens qui chantent dans la nuit quand ils ont peur. Cadet eut fort envie de les imiter avec la bouche dont le mouchoir ordinaire s'appelle chemise. Mais il se retint par un sentiment inappréciable de réserve, étant donné son tempérament naturellement expansif.

Ah! s'il avait soupçonné ce qui se passait à deux pas de lui! Autant vous le dire immédiatement, comtesse. L'opulente madame Trouminet avait eu la même idée que Cadet. A pas de loup elle était venue sans lumière, connaissant bien les êtres, et pour ne pas attirer l'attention. Arrivée près de la porte, sachant, par expérience, que le local étroit ne lui permettrait pas de se trousser convenablement et sans abîmer ses jupes, elle faisait tout un petit travail préparatoire, détachant son pantalon, donnant du jeu à ses jarretières, se retroussant au-dessus de la tête, écrasant, entre ses coudes rapprochés, l'insurrection des étoffes... Et, quand ce fut fait, le derrière aussi nu, par l'échancrure de la culotte, et l'enlèvement du linge, qu'une vérité de Jules Lefèvre, d'un bon coup de croupe elle poussa la porte et, de ce bélier tiède, heurta Cadet en plein ventre avec un soupir formidable de soulagement.

Cadet ne broncha pas; il tenta même, assez incongrûment, de prendre le bélier par les cornes, lesquelles étaient, dans l'espèce, deux fesses de la plus avenante fréquentation. Mais madame Trouminet étouffa, dans sa gorge, un cri de frayeur et disparut, laissant sous le charme le dîneur interrompu.

Elle bondit au salon où le whist des Lapétasse contre les Trouillenville continuait, et où le notaire Amolli rendait les armes à l'abbé Casse, et faisant la revue des personnes présentes, d'un rapide coup d'œil, elle acquit vite la certitude que c'était Cadet qu'elle avait localement bouscuié.

Quand celui-ci rentra, assez gêné d'ailleurs, mais avec, néanmoins, quelque chose d'extatique dans la face, elle l'entraîna dans un petit coin.

— Vous savez, monsieur, lui dit-elle tout bas, que jamais je n'accepterai pour gendre un homme qui m'a touché ce qu'une femme honnête ne montre qu'à...

— Son amant, interrompit Cadet avec passion, en se jetant moralement à ses pieds et en lui avouant la grande passion que la découverte qu'il venait de faire lui avait mise au cœur. Et il ajouta :

— Soyons-le, madame.

Et ils le sont, comtesse. Et M. Trouminet l'est aussi ; et Cadet reste à Castelnaudary pendant que nous buvons du vespétro ensemble !

Et tout en parlant ainsi, je couvrais de baisers, inutiles, hélas ! mais fervents, les jolis doigts blancs fuselés comme de l'ivoire, aux veines roses, que m'abandonnait la cruelle et douce, à la fois, comtesse de Sainte-Frimousse.

AÉROSTAT

AÉROSTAT

I

— Tiens, fit Cadet-Bitard en me tendant le journal, le père Toupinge est mort.

— Dieu ait son âme! répondis-je, après avoir vérifié la funèbre nouvelle.

Le père Toupinge était bien mort, professeur de physique honoraire à l'Institut de Montmorillon, sa patrie, et il est vraisemblable que ses compatriotes vont élever, avant peu, une statue à ce modeste savant.

Nous l'avions eu pour maître, Cadet-Bitard et moi, pour maître dans le lycée provincial où nous faisions nos élémentaires pour entrer dans les Écoles du gouvernement. C'était un homme prodigieux, adorant l'enseignement, extrêmement ingénieux dans ses méthodes et qui ne souffrait pas qu'aucun principe des sciences nous fût donné sans que l'expérience en fût faite devant nous, sinon par nous-mêmes. *Nihil est in intellectu quod non etiam esset in sensu* était sa devise. C'était, à cela près, un cartésien doucement spiritualiste comme beaucoup d'hommes distingués de sa génération. Vous pensez qu'avec les ressources médiocres d'un établissement municipal ne possédant qu'un rudimentaire cabinet de physique et pas du tout de laboratoire, cet enseignement en partie double était chose malaisée. Mais le père Toupinge avait du génie à sa façon. Il cherchait, il inventait, il trouvait.

Nous en étions, à ce moment de l'année scolaire, au principe d'Archimède, et le père Toupinge venait de nous démontrer, sa craie à la main, qu'un corps plongé dans un fluide y fait une perte de poids juste égale au poids du fluide qu'il déplace, si bien que celui-ci agit comme une poussée en dessous qui le soulève si sa densité est moindre que celle de son milieu. De là à la théorie de l'aérostat et de la navigation aérienne, il n'y avait qu'un pas. Le père Toupinge le franchit brillamment, et je l'entends encore, de sa voix de crécelle, nous disant : « Ainsi, mes enfants, l'aéronaute qui veut monter dans l'air n'a que deux ressources : diminuer son poids ou augmenter son volume. » Et nous l'écoutions tout en mangeant des marrons enfouis au fond de nos poches d'écoliers. « D'ailleurs, ajoutait-il d'un air mystérieusement aimable, nous en ferons l'expérience bientôt ! »

Eh oui, mes amis, ce brave homme rêvait de nous faire faire une ascension en ballon. Comment se procura-t-il, en les louant, — de ses propres deniers sans doute — l'enveloppe de taffetas et la nacelle nécessaires, nous ne le sûmes jamais ; mais nous nous rappelons que ce fut la cité qui, très obligeamment, nous fournit le gaz, et le proviseur du lycée qui nous donna le sable qui devait servir de lest. Ce sont des actes de munificence qui ne s'oublient pas. Cadet-Bitard, Fessier-Duclos et moi qui étions les trois plus forts de la classe, étions tout naturellement désignés pour l'expédition où le père Toupinge devait jouer le rôle de capitaine. Toute la ville était en rumeur dès la veille. Nos parents, tout en nous conseillant l'héroïsme, nous couvraient de baisers, comme s'ils ne devaient jamais nous revoir. On nous avait acheté des casquettes avec des ancres en or. Comme l'ascension devait avoir lieu un dimanche, la musique des pompiers nous devait jouer le *Chant du départ*.

Oh ! le beau dimanche printanier ! Je vois encore notre départ de la grande place. M. le maire nous fit un petit discours dans lequel il nous compara à Prométhée allant voler le feu du ciel. Quand nous commençâmes à nous enlever, ce fut un hourra de la foule qui s'engouffra ensuite dans l'église dont les cloches sonnaient à toute volée et où nos mères allaient prier pour nous. C'était une musique délicieuse passant dans des souffles embaumés d'aubépines. La terre nous faisait des adieux pleins de poésie. Nous respirions une griserie triomphale dans l'air parfumé. — « Rappelez-vous, mes enfants, au cas où je viendrais à vous manquer, nous dit solennellement Toupinge, que l'aéronaute n'a qu'un moyen pour s'élever dans l'espace : diminuer son poids ou augmenter son volume. »

Et nous montions lentement, très lentement dans une brise tiède où s'effaçaient les tons roses du matin.

II

Nous ne fûmes pas longtemps à nous apercevoir que nous avions un ballon ne valant pas quatre sous, soit que l'étoffe en fût insuffisamment imperméable et se distendît par la variation atmosphérique, soit que la ville nous eût fourni du gaz de mauvaise qualité, soit que le sable offert par le proviseur ne fût pas de poids. Toujours est-il que nous ne montâmes pas très haut et que nous commençâmes à nous promener, sans les dominer suffisamment, au-dessus des bois dont les cimes frôlaient la nacelle, et au-dessus des rivières qui semblaient s'ouvrir, béantes, pour nous happer dans leur linceul d'argent. — « Jetons du lest, enfants ! » s'écria l'héroïque Toupinge. Tout notre sable y passa et nous montâmes un peu, sans toutefois atteindre une zone exempte des précédents périls. Nous étions menacés de tomber sur un rideau de peupliers droits comme des pals : — « Jetons du lest, enfants! » reprit le capitaine. Les bouteilles et les paniers à provisions furent précipités par-dessus bord et un léger mouvement ascensionnel nous conduisit obliquement au-dessus d'une cheminée de fabrique vomissant une effroyable fumée noire. C'était intolérable. — « Diminuons encore notre poids! » s'écria Toupinge. Et, comme nous n'avions plus que nos habits, nous jetâmes d'abord, comme lui, nos souliers dans l'espace. Il en résulta une légère montée qui nous poussa de travers au-dessus d'un régiment qui faisait la manœuvre, la baïonnette en l'air. — « Diminuons encore notre poids! » reprit notre guide. Et il envoya sa culotte dans l'infini. Ce que nous fîmes aussi tous les trois. Puis nos gilets, puis nos vestes, si bien qu'il ne nous restait que nos chemises qui flottaient en bannières et nous découvraient aux becs avides de chairs fraîches des corbeaux qui croassaient railleusement autour de nous. — « Chemises à la mer! » clama désespérément le père Toupinge, et subitement nous nous trouvâmes tous les quatre tout nus, sous un soleil déjà mordant, honteux comme de petits Jésus. A peine avions-nous obtenu ainsi un déplacement appréciable dans l'immensité. Sournoisement, sournoisement nous continuions à descendre, ayant au-dessous de nous un lac et nous confessant tristement que nous ne savions pas nager.

La situation était critique. Toupinge, qui avait

du sang d'orateur dans les veines, mit sa main sur son cœur.

— Enfants, nous dit-il, nous n'avons plus la ressource de diminuer notre poids ; tentons d'augmenter notre volume ! — Et il gonfla ses joues, tendant son ventre en avant, après avoir avidement respiré, en nous invitant à l'imiter. Telle la grenouille de la fable voulant imiter le bœuf.

Dans cet exercice, Cadet-Bitard, qui est de nature venteuse, ne put retenir un zéphyr mélodieux qui produisit, en se délivrant, un abaissement de son abdomen.

— Malheureux ! s'écria le père Toupinge. Vous allez nous faire tomber tout à fait.

Et, de fait, une descente de quelques centimètres constata la diminution de volume total que nous avions subie par suite de cette inconvenance.

Mais en voici bien d'une autre, maintenant ! Toujours à une distance dangereuse du sol, un vent se levant subitement nous repoussa vers la ville, dont les toits se dressaient déjà comme autant de menaces. Pour le coup, Toupinge, l'héroïque Toupinge lui-même, pâlit. Être écrabouillés dans les cheminées, ce n'était rien. C'est la mort héroïque des aéronautes. Mais ramener son équipage et soi-même tout nus, juste à l'heure où la belle société flânait sur le Mail, cependant que les dévotes sortaient des vêpres, c'en était trop ! Des gaillards de seize à dix-huit ans et un vieillard, jusque-là respecté, dans une absence de tenue pareille ! C'était la destitution, le déshonneur, l'infamie. Le père Toupinge tomba à genoux.

III

Et nous continuions à nous enfler de notre mieux, désespérés nous-mêmes, mais sans arriver à modifier sensiblement nos volumes. Nous approchions des maisons; nous passions déjà à proximité du faubourg de la ville, dont heureusement les habitations étaient basses. Mais devant nous se dressaient les pignons aigus et les clochers. Une sorte d'accalmie se fit dans l'air qui modéra sensiblement notre course. Stupides, nous regardions autour de nous, toujours nus comme des Adams bibliques. Or il advint qu'en errant à l'aventure, mes yeux rencontrèrent un singulier et attachant spectacle : dans une de ces maisons pauvres dont la toiture était à demi éventrée, trois belles filles qui ne se doutaient guère qu'on les pût voir, trois sœurs, sans doute, faisaient leur toilette à grande eau, s'étant mises si fort à leur aise que leur belle chair appétissante rayonnait dans le soleil et sous leurs grands éclats de rire. Cheveux dénoués, jupons à bas, chemises accrochées aux chaises, dans un abandon familial et telles les compagnes de Diane ou celles de Nausicaa, elles s'aidaient mutuellement en des ablutions radicales, se tapotant innocemment les fesses, jouant comme des chevrettes, infiniment inconscientes, pures et voluptueuses aussi. Je les indiquai du doigt à Cadet-Bitard et à Fessier-Duclos qui, comme moi, en tombèrent en pâmoison véhémente.

un poème d'adolescence virile chantant en chacun de nous, et des fleurs de puberté impatiente s'épanouissant dans nos âmes... Soudain, par je ne sais quel prodige, l'aérostat se remit à remonter, et, comme une barque dont la voile s'est gonflée, il se mit à courir, passant au-dessus de la ville et allant retomber dans une plaine solitaire et propice, quand l'impression de notre amoureuse vision se fut dissipée.

— Mes enfants, Dieu m'a exaucé! s'écria Toupinge en nous serrant dans ses bras. Archimède aura intercédé pour nous! — Car les savants sont aussi de grands saints devant l'Eternel!

Et ayant envoyé quérir de nouveaux vêtements chez nous, nous entrâmes très honnêtement dans la ville, à l'heure où les galantins revenaient du Mail et où les dévotes fleuraient encore l'encens brûlé durant les hymnes du salut

OUYAPAPA

13.

OUYAPAPA

I

Dans la longue salle dallée de porphyre, autour du bassin de marbre qu'emplissait une eau transparente, sur des divans très bas recouverts de riches étoffes, dans un air tiède et chargé de lourds parfums, nonchalantes à l'envi, en des poses abandonnées, mêlant sur leurs épaules rapprochées des cheveux noirs à des cheveux blonds, tous dénoués et rayant la peau en capricieux méandres, — car elles étaient nues, — des femmes jeunes et généralement douées d'un aimable embonpoint égrenaient la longueur des heures en de futiles propos, à moins qu'elles n'en variassent la monotonie en se passant des friandises. Et c'était un spectacle assurément tentant et voluptueux, hormis pour le seul homme qui fût admis à le voir sans cesse. D'un regard moins ennuyé que froid et mélancolique, celui-ci suivait les jeux des naïades prisonnières dans la vasque immense où les chairs s'emperlaient des ruissellements de l'eau, cependant que des reflets roses, délicieusement roses, zigzaguaient alentour. Sans plus d'émotion, il arrêtait ses yeux indifférents sur les groupes qui s'enlaçaient en de vagues tendresses faites de désœuvrements. Cependant que toutes ces femmes séduisantes ondulaient dans la clarté crépusculaire des soirs lents à venir, avec un parfum plus chaud comme celui du zénith quand le soleil se couche, il promenait au travers sa haute taille, son ventre puissant, son visage que la grimace habitait quelquefois, jamais le sourire.

C'était le chef des eunuques autrefois, maintenant le seul eunuque du sultan, qui est un homme économe. Il s'appelait Ouyapapa.

A le considérer de près, on restituait l'homme qu'eût été Ouyapapa, si le destin lui eût permis d'être vraiment un homme. Il y avait dans l'aristocratie puissante de ses formes de quoi concevoir un Apollon. Grand, large d'épaules, la poitrine en avant, quand le ventre ne l'avait pas débordée, il avait des bras superbes, des cuisses où se devinait une musculature magnifique, les attaches fines. Et son visage aussi avait dû réunir toutes les conditions de la beauté, avant que le front se fût aplati comme celui des bœufs, que les yeux noirs eussent pris leur expression indifférente, que la bouche se fût épaissie à l'abus des gloutonneries. Parbleu! c'était grand dommage d'avoir mutilé ce gas superbe, quand on laisse se reproduire la laideur des types en des êtres mal venus, de grossière stature, sans race et sans noblesse.

Ceux qui auraient cru faire une allusion piquante en le traitant de « muet » se seraient trompés. Jamais Ouyapapa ne parlait, ce qui lui avait valu, de la part de son maître, une estime toute particulière. Par signes respectueux, il répondait à celui-ci; aux autres il ne daignait pas répondre; à ses femmes il s'adressait dans le langage de la pantomime qu'il avait poussé fort loin. Car vous ne savez pas, vous que la divine Mariquita n'a pas initiés à ses secrets, tout ce que peut exprimer la pantomime. Moi, à qui un hasard heureux vient de permettre de lui voler quelques leçons, je vous étonnerais maintenant par l'éloquence de mes gestes. Sans avoir fait le même vœu que notre Ouyapapa, — et surtout pour les mêmes raisons — c'est tout au plus si je daigne parler maintenant. Mon petit verre, ma pipe, mon Rabelais, je demande tout par signes. Que ne sont-ils ainsi dans les Parlements! Il est vrai que ce qui s'y tripote est moins innocent qu'un chapitre de Pantagruel, une bouffée de caporal frais et une gorgée de vieux kirsch. Mais que je ne changerais pas avec nos honorables! Parbleu! si vous n'avez pas les moyens de vous offrir le cours de la divine Mariquita, prenez-moi donc, dans Rabelais, l'histoire de « l'Anglais arguant par signes » et voyez un peu comment Panurge le fit quinaud.

Maintenant, Dieu merci! j'ai beaucoup de sujets à traiter dont Ouyapapa n'a que faire. Mais ceux-là, je les aborde avec une délicatesse, une légèreté de mimique, une convenance d'expressions qui désarmeraient le sénateur Bérenger lui-même, voire le vénérable Jules Simon, qui n'est vraiment plus d'âge à compéter en ces matières amoureuses. Car il me semble que le vieillard doit avoir les mêmes immunités innocentes que l'enfant.

II

Or, comment il advint que notre sacré Cadet-Bitard, dont on me demande quelquefois des nouvelles, ait eu la fantaisie de visiter le harem du sultan et surtout comment il y parvint, c'est ce qui étonnera nos diplomates eux-mêmes, qui sont cependant réputés, par le monde, pour de fins matois. Son désir d'une telle curiosité est partagé par beaucoup de ses contemporains, mais tout le monde sait que le sultan est inflexible et c'est en rêve seulement que, nous autres, nous évoquons l'image de ces belles femmes nues, évoluant dans une fumée bleue, alanguies en de délicieuses poses, avec des fleurs de volupté aux lèvres et des langueurs inassouvies dans les yeux. Non pas que notre civilisation nous refuse absolument quelque chose d'analogue. Mais il manque à nos sérails démocratiques, dont le sultan s'appelle tout le monde, le murmure lointain du Bosphore, dans le bruit lent des rames et l'éclat des nuits étoilées, où des clous de diamant s'enfoncent dans l'azur sombre d'une immense coupe de lapis-lazuli renversée. Quand nous aurons su faire à nos fantaisies d'amour charnel un décor qui en soit digne, nous pourrons seulement nous dire aussi civilisés que les Grecs d'autrefois et que les Turcs d'aujourd'hui. Il est immoral de révéler la beauté de la femme autrement que dans un temple.

L'obstination de Cadet-Bitard à visiter les lieux interdits avait une autre raison toute personnelle. Quand une des maîtresses qu'il avait le mieux aimée, parce qu'elle avait des assises où l'on eût pu asseoir l'église du Sacré-Cœur, la jolie Estelle de Saint-Cucufa, avait subitement disparu du demi-ciel parisien qui recouvre le demi-monde, image qui a seulement pour but de comparer galamment cette péronnelle à une étoile, le bruit s'était répandu dans les demi-salons où fréquentait ce quart de vertu qu'elle avait été enlevée par un émissaire du Grand Turc, désireux de rapporter à son délicieux patron ce bel exemplaire de callipygie relié en veau plein. Il avait séduit la crédule soupeuse par la promesse d'une vie abondante et sans termes à payer. Bref, Estelle de Saint-Cucufa s'était certainement embarquée, puisqu'on avait pu suivre sa trace jusqu'à Marseille, où on ne l'avait plus revue. Or Cadet, qui est un sentimental, avait positivement la nostalgie de ce pétard grand in-quarto; — car, en le coupant en quatre, on en aurait encore tiré de très honorables fesses. De là l'idée obstinée de fouiller les profondeurs du harem lui-même, comme l'unique bibliothèque où pouvait se trouver ce rare et volumineux bouquin dont il avait gardé, comme un signet arraché de la double page blanche, l'inguérissable mémoire.

Mais il y avait loin de cette croupe-là aux lèvres gourmandes de notre précieux Cadet. Ayant ouï dire cependant que le sultan était de naturel mélancolique et obligé de rechercher les distractions, si bien qu'il répétait souvent qu'il donnerait son trône à qui le ferait rire, Cadet-Bitard conçut le plan d'être cet homme à qui le sultan n'aurait rien à refuser. Ayant guetté une troupe d'opérette française qui partait pour Constantinople, il s'y fit engager en se payant, à soi-même, de superbes appointements. J'ai vu l'engagement qu'il avait signé deux fois, étant en même temps son directeur et son pensionnaire. Un dédit de cent mille francs, comme au Gymnase, était stipulé au profit de celui des deux que l'autre aurait quitté le premier, et cette clause draconienne n'était résiliable que par la mort. A la première représentation qui fut donnée devant le sultan, Cadet imita si naturellement le bruit du basson, sans avoir le moindre basson entre les doigts, que le sultan se dérida. Il fit venir l'instrumentiste à vent dans sa loge impériale et lui offrit successivement une tabatière en or, une pipe en ambre gris et une épingle en turquoises. Cadet répondit qu'il n'avait aucune mauvaise habitude, pas même celle de porter des bijoux.
— Que veux-tu donc, maroufle? lui demanda le

prince des croyants. — Visiter le sérail de Sa Grandeur Sérénissime, répondit Cadet-Bitard en rougissant... Le sultan fit d'abord une grimace; puis il reprit : — Soit ! On t'y laissera entrer demain. Et il parla ensuite en turc à l'oreille d'un officier de sa suite dont le cimeterre était constellé de diamants.

III

— Pour ce que tu verras, mon gaillard, tu peux bien entrer ! avait pensé le sultan.

Et, de fait, quand, très ému, Cadet-Bitard, officiellement présenté à Ouyapapa, se trouva dans la grande salle aux dalles de porphyre, auprès du bassin de marbre qu'emplissait une eau transparente, dans un air tiède et chargé de lourds parfums, toutes les femmes, enveloppées de longs burnous et le visage voilé par en bas jusqu'au-dessous des yeux, étaient correctement assises sur les divans très bas recouverts de riches étoffes, non plus enlacées voluptueusement comme à l'ordinaire, mais raides comme des nonnains et à peu près aussi engageantes que des marguilliers à leur banc d'œuvre. Ce fut Cadet qui fit une grimace à son tour. Dans ce chapelet de derrières perdus sous des vêtements très larges, comment reconnaître le gros grain? ce qu'on appelle, en piété, le *Gloria patri*, en simple patois humain, le glorieux pétard de mademoiselle de Saint-Oucufa? Mais notre Cadet-Bitard ne se prend pas sans vert. Il avait soupçonné quelque ruse de cette sorte, et pris ses précautions sous la forme de trois ou quatre boîtes de poil à gratter qu'il emporte toujours, en voyage, avec lui, pour faire des farces aux Anglais et aux Allemands, ce qui est certainement d'un excellent exemple. Sournoisement, sans avoir l'air de rien, en les entr'ouvrant dans sa poche, il en sema le contenu invisible et impalpable dans les plis des burnous de ces dames, lesquels commencèrent à causer à celles-ci de furieuses démangeaisons. Car cette poudre subtile et inhumaine traverse à plaisir les vêtements, surtout quand ils sont d'étoffe légère. Elles tinrent bon d'abord, soupirant et se trémoussant sur place, puis pleurant de douleur et d'agacement. Mais à la fin le supplice fut au-dessus de leurs forces et de leur feinte pudeur. Et tout à coup elles se mirent à arracher, en hurlant comme des fusées, leurs longs habits et en les trépignant à terre; cependant que leurs belles chairs délivrées, palpitantes, délicieusement rosées apparaissaient aux yeux dans un immense éblouissement. Cadet-Bitard était déjà agenouillé devant l'inestimable trésor qu'il avait cru perdu... Il fallut les hautes influences dont il jouit dans le monde politique et toute l'habileté de notre ambassadeur pour tirer de ce mauvais pas notre compatriote. Cadet-Bitard nous fut rendu, à la suite de négociations tenues secrètes. Mais, comme il fallait bien que la colère du sultan se passât sur quelqu'un, celui-ci fit venir Ouyapapa et lui dit, sans plus de préambule :

— Ouyapapa, on va te couper la tête.

Et, rompant le silence qu'il gardait depuis trente ans, d'une voix à qui l'approche du trépas rendait un timbre presque tragique, l'eunuque se contenta de répondre :

— On aurait bien dû commencer par là.

JAMAIS DE LA VIE !

JAMAIS DE LA VIE !

I

Si l'imprudent Pépé avait épousé la belle Mercédès, fille de l'alcade Cantivès, du charmant village d'Ernani, ce n'était pas que cet honnête magistrat ne l'eût prévenu des inconvénients de cette union et du danger que son gendre était destiné à courir.

— Cher enfant, lui avait-il dit, j'étais le meilleur ami de feu ton père et je te dois l'avis que si tu es le mari de Mercédès, son fils sera certainement cocu.

— C'est moi que vous voulez dire ?

— Précisément, et tu as presque autant d'esprit que feu ton père.

— Et qu'en savez-vous, s'il vous plaît ?

— Tout ce que peut savoir un père sagace du tempérament de son enfant bien-aimée. Je ne voudrais pas t'humilier, mon garçon, mais tu me fais l'effet d'un voyageur qui partirait pour explorer l'Afrique avec quatre gouttes d'eau dans sa gourde seulement. Le voyage que tu vas entreprendre exige infiniment plus de provisions qu'un seul homme en peut porter. Tu seras obligé de t'adjoindre une escorte. Après ça, si tu aimes la société...

— Pas dans mon lit, vénérable alcade. Mais ma gourde est peut-être mieux garnie que vous ne le supposez. D'ailleurs, je saurai défendre mon bien.

— Ça ne te promet pas une existence tranquille. Ma fille n'est pas coquette seulement, mais affreusement dépensière.

— Je tiendrai les cordons de la bourse.

— Elle fera des dettes.

— Je ne les paierai pas.

— Et tu iras en prison. Encore un mot seulement pour t'encourager, cher Pépé. Tu sais que, d'après nos sages coutumes, tu ne pourras poursuivre ta femme devant la loi, pour t'en séparer, qu'à la condition d'avoir fait constater par l'alcade, — c'est-à-dire moi, — et deux témoins patentés, qu'un autre homme est couché avec elle. Or, ma fille est très fière et ne te donnera pas facilement cette dernière consolation. Moi-même, je t'en préviens, je ne mettrai qu'un empressement modéré à venir déshonorer publiquement ma race ; enfin les deux témoins que tu pourrais requérir, sentant qu'ils vont me déplaire et que je leur causerai ensuite mille ennuis, sont fort capables de ne pas dire la vérité. L'acte que tu veux faire est donc, suivant toutes les probabilités, irrévocable.

— Je l'entends bien ainsi, s'écria chevaleresquement Pépé. Je n'ai pas envie, en me remariant jamais, d'attraper une seconde causerie comme celle-ci.

— Prends-la donc, mon fils. Car, à ces menus inconvénients près, auxquels nous ajouterons un caractère acariâtre, c'est une personne à peu près parfaite. Une taille, des hanches, une gorge !... Il n'est pas de bon goût de vanter sa propre marchandise ; mais, au point de vue plastique, c'est certainement ce que j'ai fait de mieux et mes plus célèbres arrêts ne sauraient être cités à côté.

— Aussi n'ai-je pas l'intention de vous demander à coucher avec eux, beau-père.

— Elle ne manque pas de vertus domestiques, et fait le *pouchero* à ravir.

— Je ne puis le supporter.

— Peut-être, mais elle l'aime beaucoup. Tu as donc les plus grandes chances d'en manger tous les jours. Mercédès est à toi.

Pépé, fou de joie, se précipita dans les bras du vieillard. C'est que Mercédès était plus belle encore que son papa ne l'avait insinué. Imaginez une chair où les divines chaleurs du sang coulaient en frissons ambrés ; une chevelure noire avec des reflets d'azur sombre; des yeux dont le velours était pailleté d'étincelles, une bouche ardente, sans cesse entr'ouverte comme une grenade, sur d'étincelantes blancheurs; un corps onduleux comme la vague, tout ce qui attire, en un mot, tout ce qui charme les sens, tout ce qui rouvre sans trêve l'aile lassée du désir. Pépé avait eu raison en exprimant, de ses propres moyens, une opinion avantageuse. Mais son beau-papa avait eu plus raison encore en le prévenant de leur insuffisance prochaine. Il n'y avait pas trois mois que le voyage à deux avait commencé qu'un pèlerin inattendu commença le cortège. Il s'appelait Escamillo et était de mine à marcher longtemps. Pépé fut vexé comme un dindon de cette découverte. Convaincu maintenant que cet inconnu n'était que le premier arrivé d'une future caravane, il ne songea plus qu'à laisser la promenade en chemin. Mais, pour avoir le droit de quitter Mercédès, il lui fallait la surprendre dans les conditions prescrites par la loi, et nos deux amants ne mettaient aucune bonne volonté à se laisser pincer en présence du premier magistrat de la ville et de deux notables commerçants.

II

Dans un coin de la maison, ils avaient découvert une soupente dont ils avaient fait un lit où ils goûtaient, tout à la fois, le bonheur le moins pur et la plus parfaite impunité. Ce qu'ils y passaient doucement les heures à cocufier le malheureux Pépé, toujours perdu dans ses vindicatives méditations ! D'autant plus que ce lieu était le plus frais du monde, assez chaud pourtant pour qu'ils y goûtassent la douceur du déshabillé, sans lequel l'amour est, à mon avis, une ridicule occupation. Ah ! notre chaste sénateur Bérenger et Simon le Pharisien ont bien raison de faire l'apologie du vêtement. C'est le plus sûr gardien de la chasteté, en ce qu'il rend mal commode tout ce qui est essentiel à la volupté. Demandez plutôt à l'ami Sarcey, l'homme du monde que le plus de demoiselles ont vu tout nu. Ce qu'elles en rigolent !

Mais revenons à Escamillo qui, pour un empire, en cette occurrence, n'eût gardé sa culotte, non plus que Mercédès sa chemise.

Donc, par une chaude après-midi que ces amants éhontés étaient tout aux tièdes délices des carmes, Pépé qui faisait le guet, après une fausse sortie qui avait permis à Escamillo d'entrer, pénétra tranquillement dans cette chambre sommaire, mais pas assez rapidement pourtant pour que son rival n'eût eu le temps de se glisser dans le plafond de la soupente qu'il voyait bien se bomber, comme prêt à fléchir sous le poids du corps, qu'il entendait même craquer, mais sans pouvoir le soulever à son tour. Même difficulté qu'à l'ordinaire. Pendant qu'il irait chercher l'alcade et les deux commerçants exigés par la loi, Escamillo s'en irait tranquillement par la fenêtre. C'est alors qu'une idée de génie traversa son cerveau.

— Que venez-vous faire ici, sorte d'andouille ? lui

avait dit la douce Mercédès en l'entendant venir.

Pépé ne répondit à ce propos désobligeant que par un sourd gémissement et commença à se tordre par terre comme une femme que surprend le mal d'enfant.

— N'allez-vous pas finir cette comédie? continua son affectueuse compagne.

Muet et bruyant tout ensemble, c'est-à-dire se bornant à des sons inarticulés et douloureux, Pépé accentua encore sa pantomime désespérée.

— Eh bien, je m'en vais ! acheva Mercédès outrée.

— Ah ! ma chère, n'en faites rien, soupira Pépé. Désespéré de votre froideur à mon égard, je viens de boire un poison qui ne pardonne pas. Mais vous aimant jusqu'à la dernière heure, je vous veux laisser tout mon bien. Or je ne puis utilement tester que devant votre vénéré père et deux témoins. De grâce et, pour vous-même, allez me les quérir à l'instant avant que je meure.

Aussi avare pour le moins qu'infidèle, Mercédès crut à son bonheur.

— Pauvre chéri ! murmura-t-elle. Malgré le plaisir que j'aurais à te fermer les yeux, je sors un instant. Papa et les témoins seront là dans dix minutes. Tâche de tenir jusque-là. Ne lâche pas inconsciemment ton dernier soupir. Mets plutôt un mouchoir sur ta bouche. Ferme soigneusement tout le reste. Au revoir, mon mignon ! Cramponne-toi à cette vallée de larmes !

— Coquine ! pensa Pépé, pendant qu'elle s'enfuyait en courant. Et, levant les yeux, il s'aperçut que le plancher sur lequel pesait Escamillo commençait à céder et que la place charnue de ce larron d'honneur dessinait une étoile de chair parmi le craquement rayonnant du bois.

— Arrivez vite, papa ! vite ! vite ! mon mari se meurt et veut faire son testament.

Ainsi gémissait, par le village en émoi, la belle Mercédès suivie de son alcade de père et de deux marchands d'oranges en espadrilles et ceinturés de rouge. Pépé, furieux en dedans, les accueillit par une pétarade aragonaise en *fa* mineur.

— Dieu soit loué ! Il respire encore, s'écria Mercédès en entrant.

— Qu'avez-vous, mon cher fils ? demanda moelleusement l'alcade, en s'approchant du moribond, un encrier à la main et une belle feuille de papier blanc aux armes de l'Ibérie.

— Non ! non ! jamais de ma vie ! disait Pépé se tortillant toujours.

— D'où souffrez-vous, mon chéri ? du ventre probablement.

— Non ! non ! jamais de ma vie ! continuait plus douloureusement encore Pépé.

— Voulez-vous que je vous souffle, avec ma plume d'oie, un peu d'eau fraîche aux entrailles ?

Mais Pépé, toujours se démenant comme un possédé, répétait :

— Non ! non ! jamais de ma vie !

— Jamais de votre vie ? Quoi ? fit enfin l'alcade impatienté, terriblement inquiet de voir le temps passer.

— Eh bien ! jamais de ma vie, reprit Pépé d'une

voix assurée, de sa voix naturelle, en se dressant sur son séant, je n'ai jamais vu un aussi gros derrière d'homme que celui-là.

Et il montrait du doigt le séant du malheureux Escamillo, lequel séant avait fini par traverser complètement le plafond de la soupente, rayonnant comme une lune dans l'effondrement de la cloison.

— Qu'est ce potiron ? s'écria l'alcade en chaussant son nez de lunettes, et en jetant sa tête en arrière.

Il n'avait pas achevé ce propos que le plafond s'effondra. Par un hasard malheureux, c'est le pauvre chef d'un des deux marchands d'oranges qui reçut le choc. Il fut tué du coup, le crâne écrasé comme une noisette et la cervelle jaillissant comme une fusée.

— Enfin, s'écria Pépé, en se jetant sur Escamillo assez meurtri d'ailleurs de la chute. Vous ne nierez pas, beau-père, ni vous, ma belle Mercédès ! Cette fois-ci je vous pince bien avec le galant. Verbalisez, monsieur l'alcade, verbalisez.

— Mon pauvre gendre ! fit l'alcade. Impossible ! Nous n'avons plus qu'un témoin. Tout est à recommencer.

ANGÉLUS

ANGÉLUS

I

Bien que les exemples soient rares que des perroquets se soient reproduits en captivité, il est certain que celui dont il s'agit en cette histoire avait certainement pour aïeul ce Vert-Vert dont Gresset a fait un conte d'ailleurs très inférieur au *Lutrin*. Il faisait, en effet, également les délices d'une communauté occupant, à Grandbourg, près Corbeil, une délicieuse habitation, sur une des plus aimables rives de la Seine. La maison, perdue dans le feuillage, n'était pas pleine seulement de nonnains, mais de grandes jeunes filles y étaient religieusement instruites, avant d'entrer dans le monde, portant jusque-là, sinon le voile austère, des robes de couleurs sombres avec un large ruban sur la poitrine où pendait une médaille du bienheureux Xavier, patron de cet ordre innocent. Par vénération pour le fondateur glorieux, le nom de Xavier avait été aussi donné au pieux volatile qui, d'une voix étonnamment souple, répétait avec une rare perfection tous les discours de sœur Théophase, supérieure de l'établissement. En bon perroquet ecclésiastique, il bourdonnait le latin, semblant secouer des *oremus* à son énorme bec, et sa collerette verte se plissait alors, faisant, par derrière, l'effet d'une chasuble. Une onction considérable mouillait son œil rond à la pupille inégale. Car l'expression du regard dilate ou rétrécit celle-ci chez ces animaux d'une étonnante sensibilité. Il n'était pas un commandement de la vie disciplinée, qu'il partageait avec ses maîtresses, qu'il ne fût prêt à répéter, si sœur Théophase avait une distraction. Il connaissait tout des prescriptions de la maison et l'heure exacte de chaque prière, comme l'heure du repas, comme l'heure du sommeil. Aussi jouissait-il d'une considération énorme dans le menu cloître, considération balançant presque celle de M. le curé de Soisy-sous-Etiolles, directeur des consciences venues là pour leur salut et leur édification. Les sœurs raffolaient de Xavier et les jeunes pensionnaires se disputaient la moindre caresse de l'heureux oiseau.

La propriété, comprenant un parc où les images

dévotes, en plâtre, et conçues suivant les affreux modèles sulpiciens, étaient prodiguées, madones sans expression et grossières images, confinait à celle d'un gentilhomme possédant également une belle étendue de terrain, ombragée d'arbres magnifiques, traversée de quinconces que Le Nôtre avait autrefois dessinés, d'une ordonnance un peu solennelle, mais ménageant d'admirables points de vue. Le marquis de Oumerlingue — ainsi se nommait ce hobereau de souche parpaillote — était un érudit, très épris d'art et d'antiquités païennes. En ces belles avenues, il avait dispersé des fragments de statues provenant de fouilles authentiques et d'olympiennes reliques s'y recueillaient dans la belle apothéose des soleils couchants traversant de rayons rouges ces frondaisons séculaires. Avec une vraie piété de collectionneur, il avait, sur des socles ressemblant à des autels, dressé ces idoles vers lesquelles ne montait plus, avec les adorations de son âme, que l'encens rustique des volubilis. Mais la Nature est si bien le temple qu'il faut à ces débris du culte, qu'elle avait le mieux inspiré, qu'autour de chacun de ces fragments gracieux et héroïques, les troncs se profilaient en colonnades et semblaient soutenir les frises d'un invisible Parthénon. Donc Hercule debout sous sa toison néméenne, Vénus s'élançant de son berceau de nacre, Diane au javelot émoussé, Pomone coiffée de fruits et Cérès de moissons, sans oublier Flore couronnée de roses et Silène couronnée de lierre, habitaient ce dernier asile, célébré encore par la panthéiste chanson des oiseaux et sous le vol énamouré des colombes. Au centre, sur un piédestal beaucoup plus élevé, dominant toute cette mythologie éparse dans les taillis profonds, une statue parfaitement conservée, en admirable marbre de Carrare ancien, de l'Amour, non pas joufflu comme les déshonorantes images de Boucher, mais sous les traits d'un adolescent, d'un éphèbe magnifique, tenant, dans sa main déjà virile, un flambeau.

Inutile de dire que sœur Théophase goûtait médiocrement ce voisinage. Elle avait même fait surélever les murs de ce côté, afin que ses jeunes ouailles eussent les regards préservés de ce spectacle scandaleux. Car, en matière de nudité, cette grave personne devançait la pudeur de Jules Simon lui-même, qui déclarait, dans un récent et mémorable interview, qu'il ne se reconnaissait pas le droit de se promener nu, même quand il est tout seul dans son appartement. Il est vrai que, sans médire des charmes plastiques de ce philanthrope académicien, rien n'y devait moins ressembler que les dieux et les déesses de pierre dont le jardin du marquis de Cumerlingue était orné. Quoi qu'il en soit, Madame la supérieure faisait bonne garde, et si quelque élève, de la classe des grandes surtout, était aperçue glissant un œil indiscret par quelque trou fait par la chute d'une pierre, elle était immédiatement et sévèrement punie, sans compter que Xavier l'appelait : « Petite malpropre ! »

II

Or, c'était par une admirable fin de printemps, dans un épanouissement complet des choses et des êtres. Ceux-là seulement qui ont habité, comme moi, tout enfant et dans la prime jeunesse, ce coin de paysage, avec la Seine murmurante au bas et dans l'air parfumé par les tilleuls, en connaissent la langueur pénétrante en cette saison, le charme mauvais conseiller aux innocences attardées. Malgré la bonne garde que faisait sœur Théophâse, assistée de sœur Cunégonde, de sœur Apolline, de sœur Bernade et de sœur Bergace, autour de tous ces petits cœurs de pucelles dont le battement se mêlait au frisson d'ailes des libellules, il est vraisemblable que des rêves d'inconsciente volupté s'abattaient, comme un brouillard ensoleillé plein de musiques inconnues, sur ce chaste troupeau, pour employer une évangélique image, et mettaient des frémissements aussi dans la neigeuse et idéale toison de ces jeunes âmes. Le fait était, au moins, certain, pour mademoiselle Isabelle des Hespérides, qui, depuis la grand'messe de Pâques fleuries, où les parents des élèves étaient admis, gardait les sentiments les plus tendres au cousin de son amie mademoiselle Jane de Viroflay. Comment les deux jeunes gens en étaient-ils venus à se révéler leurs muets sentiments ? Toujours est-il qu'ils avaient trouvé maints moyens de correspondance et que ce jeune fou d'Achille de Viroflay — ainsi s'appelait cet inconséquent garçon — ne méditait rien moins qu'un enlèvement. On est encore un tantinet romanesque dans le monde qui confie ses héritières aux nonnains. Morbleu! ce n'est pas moi qui lui en ferai un reproche. Amadis des Gaules demeure mon héros et je n'admets plus, dans l'intimité de mon esprit, que les antiques chevaliers de la Table ronde. Ça repose des Panamistes contemporains.

Donc Achille et Isabelle étaient arrivés à se fort bien entendre de loin. Par quelle obscure complicité de quelque subalterne? Je soupçonne beaucoup un apothicaire de Ris-Orangis, qui avait ses entrées familières et fréquentes dans le couvent, sœur Apolline et sœur Bernade ayant un dangereux penchant à ce demi-état de pur esprit qui s'appelle malhonnêtement constipation. Le drôle cachait les moindres billets doux dans son clysoir. O choses exquises de l'amour, que vous êtes souvent profanées! Ça n'empêchait pas Achille de couvrir de baisers les moindres billets doux d'Isabelle, ni Isabelle d'enfouir jalousement entre ses nénés les sonnets audacieux d'Achille. On en était arrivé au jour d'accomplir la résolution énergique prise depuis longtemps déjà. A cinq heures de relevée, décidé à attendre, s'il le fallait, jusqu'à l'aurore prochaine, en un chemin creux où se rejoignaient les branches sauvages d'églantines et de mûriers, Achille attendait avec la dernière berline que lui avait louée un carrossier de Corbeil et dont les velours d'Utrecht avaient peut-être connu les derrières de l'émigration, une fantastique voiture que traînait un fantastique et apocalyptique cheval. Car il lui semblait, à cet illustre descendant des Guy de Viroflay, qu'une telle aventure ne se pouvait passer de couleur locale et qu'un rapt en bicyclette, dernier modèle, est un non-sens absolu. Les choses se doivent approprier aux mœurs qu'elles servent et personne n'enlève plus de demoiselle aujourd'hui. Elles s'en vont toutes seules. Donc, aux fidèles des anciens errements, il faut encore un goût particulier pour la bimbeloterie.

Isabelle s'était longtemps demandé à la faveur de quel brouhaha elle pourrait bien prendre de la poudre d'escampette. Mais elle avait trouvé. J'ai omis de vous dire que le perroquet Xavier habitait une cage d'où on ne le laissait jamais sortir, charmant sa captivité par des friandises et des gâteaux trempés de bon vin. On n'avait donc pas eu à prendre la cruelle précaution de lui émonder les ailes, comme on fait à ceux qui demeurent sur des perchoirs. Isabelle se dit très sagement qu'en laissant l'oiseau s'envoler, elle produirait une telle émeute dans le couvent que personne ne songerait plus à s'occuper d'elle, ce qui était la seule condition possible de sa fuite.

L'opération réussit à souhait. Xavier ne vit pas plutôt la porte ouverte que, s'étirant un moment sur le seuil de sa prison, il prit ensuite largement sa volée par la fenêtre.

— Ah ! mon Dieu ! s'écria-t-elle comme feignant de découvrir la chose, Xavier s'est envolé !

Un coup de pied dans une fourmilière ne produit pas un plus grand effet que cette simple exclamation. Ce fut un immense cri, une indéfinissable clameur traversée par les sanglots de sœur Théophase, les hoquets de sœur Cunégonde, les convulsions de sœur Bergace, sans compter les détonations de sœur Apolline et de sœur Bernade que leur infirmité naturelle tenait toujours gonflées comme des canons. Dans cet indescriptible tohu-bohu, les voix des petites mettaient comme un susurrement furieux de fifres endiablés. Seule muette, mademoiselle Isabelle des Hespérides allait tranquillement rejoindre dans sa berline le chevalier Achille de Viroflay.

III

Xavier s'était d'abord perché sur le plus haut marronnier du parc. Quand il y fut découvert, faisant tranquillement, du bout crochu de son bec, la toilette de ses ailerons, ce fut un grand murmure de joie. Oui, mais comment le faire descendre de là ou l'aller chercher si haut? Sœur Théophase n'avait jamais accepté de jardinier qu'un nonagénaire capable tout au plus de monter sur un arbre à terre. Sœur Bergace, qui était agile, proposa de tenter l'ascension. Mais, par une incroyable fatalité, son pantalon était au blanchissage. Mademoiselle Noémie de Pissbrouck, une petite espiègle, proposa bien de charger sœur Bernade d'un noyau de cerise, comme une sarbacane. Cette inconvenance lui valut trois mauvais points. C'était l'heure du dîner.

— A table, mesdemoiselles, dit gravement Xavier sur son gigantesque perchoir.

Et comme personne ne bougeait, de la foule amassée à ses pieds, il ajouta :

— Vite ! le *Benedicite*...

— Ah ! mon Dieu ! mon Dieu ! murmurèrent les pauvres nonnains affolées en tordant leurs jolis doigts blancs.

— Il le faudrait affriander par des douceurs, dit sœur Bergace.

On alla quérir un verre de bordeaux et des biscuits à la cuiller. Mais Xavier exprima que le grand air lui avait coupé l'appétit.

— Si on lui jetait une serviette pour le faire tomber ? poursuivit sœur Polyphème.

L'idée fut couronnée d'un vrai succès. Xavier, qui n'aimait pas qu'on l'embêtât, quitta tranquillement le marronnier et, passant au-dessus du mur de clôture, s'alla poser dans le parc du marquis de Cumerlingue, l'amateur de profanes antiquités.

On envoya immédiatement une sœur converse demander au gentilhomme de vouloir bien continuer la chasse au perroquet avec ses propres gens. Baste ! quand tout se met à aller mal ! Le marquis était parti pour les bains de mer, une heure auparavant, emmenant tout son domestique.

Il fallait bien cependant poursuivre l'oiseau, avant qu'il eût peut-être l'idée d'aller s'établir de l'autre côté de la Seine où le soleil, à son déclin, allumait d'admirables feux de Bengale. Ah ! tant pis ! il y avait un coin où la séparation des deux propriétés n'était pas bien solidement défendue.

Sœur Théophase y creusa une brèche, de ses mains, et y passa la première. A sa suite, tout le couvent envahit le parc du marquis absent, les nonnains fouillant l'horizon d'un regard curieux, les élèves se montrant, en chuchotant, les statues mythologiques.

Animal de Xavier ! Il avait été juste se poser sur la tête de l'Amour qui dominait, de la hauteur d'un véritable autel, tout ce microcosme de pierre sculptée. Les marches en furent immédiatement assiégées, mais aucune main ne pouvait atteindre jusqu'à l'oiseau, qui cette fois-ci se lissait béatement les plumes de la queue.

Tout à coup l'Angélus sonna, lointain, à la petite église d'Évry.

Aussitôt Xavier, contrefaisant la voix de la supérieure :

— A genoux, mesdemoiselles, fit-il, pour l'Angélus !

Et obéissant par habitude, nonnains et pensionnaires, oubliant où elles étaient, marmottant l'Angélus, s'agenouillèrent, si bien qu'en plein dix-neuvième siècle, et à quelques lieues de Paris seulement, on put voir, ce soir-là, d'authentiques religieuses et les héritières des plus grandes familles de la chrétienté française faisant leurs dévotions aux pieds du plus païen et peut-être du seul vivant des dieux : l'Amour.

LES CROISÉS

LES CROISÉS

I

Et celle-ci me revint en mémoire, en parcourant, avec mon ami Marcel, la vieille rue toulousaine qui mène à la place des Carmes et dont plusieurs maisons ne sont que d'héroïques souvenirs de pierre, laissant voir, sous les réparations sacrilèges et bourgeoises, des coins de chapiteaux, des colonnettes étouffées de plâtre, le noble squelette d'anciennes demeures seigneuriales où, comme une vermine, la pauvreté civilisée et contemporaine s'acharne, ne laissant de beau, comme des vêtements en ruine, à ces murailles déshonorées, que de larges bandes de lierres où nichent les passereaux, débris profanes d'un autre âge, minuscules patries de légendes épiques. Qui me l'avait contée? je ne sais plus, tant ma mémoire s'enfonce dans des lointains, délicieusement embrumés comme un ciel d'automne, quand je revois Toulouse à travers mes souvenirs d'enfant en vacances, puis d'adolescent amoureux, là où j'ai connu les dernières tendresses familiales et où les deuils même n'ont mis aucune amertume dans mes retours. Et ce m'est une joie encore, où revit toute ma jeunesse, que d'écouter le susurrement menteur des cailloux le long des rives de la Garonne, ou bien le carillon de Saint-Etienne sonnant les fêtes pascales à toutes volées, ou bien le bourdonnement des commères couvrant, de leurs larges parapluies, comme de gigantesques champignons, le marché du Capitole; comme de respirer à pleins poumons nos violettes aux chairs vigoureuses comme des chairs virginales; comme de flâner de longues heures à la terrasse d'Albrighi, à l'heure surtout où les moineaux piailleurs mettent comme un crépitement de friture aux cimes des beaux arbres du square Lafayette. Ajoutez que j'ai là encore mon plus ancien ami, l'esprit le plus délicat que j'aie connu, le plus sensible aux impressions artistiques, seul savant en musique dans ce pays où tout le monde chante d'instinct, seul Parisien né là-bas, comme moi, Toulousain, je suis né à Paris... par accident, comme Théophile Gautier était né à Tarbes, ce qui ne permettait pas au conseil municipal de lui élever une statue.

Or donc, celle-ci me revint en mémoire, tandis qu'en devisant, véhémentement révoltés par la crapulerie contemporaine, écœurés du toupet de ces Panurges cyniques qui, la « tempeste évadée » du Panama, crient : Sus aux voleurs! les mains encore pleines de vols et s'indignent, dans les journaux, de l'abaissement des mœurs publiques, moralisateurs qui croient que nous ignorons leur vie décriée, oui, positivement dégoûtés jusqu'à la nausée de ces professeurs de sagesse, nous regrettions les temps farouches où le sang coulait plus volontiers que la boue. Car ils avaient assurément plus de grandeur, les fanatiques qui traînaient leurs vassaux à la conquête du saint sépulcre, prêts à mourir eux-mêmes pour leur foi, que les larrons qui hurlent dans les Bourses, tripotent dans les carrefours et crèvent comme de malfaisantes bêtes. Tout était noble, en quelque façon, dans les impressions de ces sauvages aïeux qui marchaient, costumés de fer, à travers un monde dont ils payaient, du moins, de gloire, la misère. L'amour même voilait, en ce temps-là, des mysticités charmantes que ne comprennent plus les aînés d'aujourd'hui, le beau code des chevaleries anciennes, où l'on mourait pour un sourire de sa belle, étant lettre morte pour les petits utilitaires que nous voyons grandir, avec effroi, autour de nous. Car ceux de demain vaudront moins encore que ceux d'aujourd'hui et nous ne valons pas, nous-mêmes, ceux d'hier, nos pères de la Révolution romantique qui, eux aussi, comme les preux chevaliers, se ruaient si magnifiquement dans les batailles.

II

Le chevalier Raimondin, dont l'aventure s'évoqua dans mon cerveau, comme l'étincelle jaillit d'un caillou du chemin, en cette promenade pieuse dans le vieux Toulouse, était de cet âge de fer auquel j'ai le courage de ne pas préférer notre âge de fange. C'était un vaillant homme de guerre, ayant d'ailleurs les mêmes défauts des hommes de sa classe et de son temps, c'est-à-dire une certaine rudesse à l'endroit des paysans et presque autant de mépris pour la vie des autres que pour la sienne, bonhomme pour ses propres serviteurs, admirablement épris de dame Bertrade, son épouse, laquelle était d'ailleurs un miracle de sagesse et de beauté. La première de ces vertus ne se saurait peindre, — Minerve et son élève Nestor sont d'ennuyeux sujets — mais je veux tenter de décrire la seconde en quelques images nouvelles. Car il est temps vraiment de formuler autrement les comparaisons que nous inspirent les femmes, d'un côté, et la femme, de l'autre. Ce n'était pas à l'ébène que faisait penser la chevelure sombre de dame Bertrade, mais à un ciel d'orage où des reflets d'ardoise passent sur la lourde chevauchée des nuages. Où avez-vous pris que la blancheur de son teint fût celle d'un lys? Pensez plutôt à ces sillons de blancheur que le matin couche sur l'eau tranquille des fleuves et qui ont comme un scintillement vivant. La bouche, une rose? Allons donc! Alors celle de Sciaron que teignait le sang même des races immortelles. Pour tout l'ensemble de sa personne, et bien qu'elle ne fût pas blonde, elle ressemblait, de tout point, à une Vierge de missel, non que ses mains fussent toujours jointes dans toute leur longueur hiératique, mais par je ne sais quoi de pur et de noblement chaste dont le désir était tourné en adoration silencieuse. Elle s'habillait, aux jours fériés seulement, de brocarts magnifiques et semblait, en sa haute chaise à la chapelle, une de ces saintes espagnoles que la piété populaire couvre, en quelques occasions solennelles seulement, de parures superbes et de somptueux bijoux. Mais tenez pour certain que, sous ces vêtements d'apparat, se cachait un corps tout à fait charmant, fait de blancheurs et de fossettes, souple, enlaçant, parfumé, onctueux et solide tout ensemble, merveilleusement idoine, en un mot, aux amoureuses félicités. C'est ainsi qu'il ne faut pas, des personnes non plus que des choses, juger sur les apparences seulement.

Et pour damoiselle de compagnie — non! dame serait mieux, puisqu'elle était mariée aussi — avait-elle sa sœur de lait Pétronille qui, dans un tout autre genre, réalisait aussi une somme fort agréable d'enchantement. Car ce n'est pas chose à mépriser qu'une toison crespelée où l'on dirait que le soleil d'automne a passé son fer amorti, non plus qu'une gorge où le caprice d'un tyran eût pu casser des noisettes, voire qu'un bon derrière de ménage appétissant comme une miche de pain frais, ni même qu'un aimable petit ventre satiné et moiré d'embonpoint bien acquis, toutes perfections que dame Pétronille cachait sous des ajustements moins riches que ceux de sa maîtresse, mais d'une élégance bourgeoise cependant, et où quelques pierres rares attestaient la générosité de dame Bertrade.

Tout naturellement son mari était l'écuyer du comte, le tout petit sire Luc Hanebourg (ce n'est pas à rebours que je vous invite à lire), soldat et serviteur consciencieux, excellent mari aussi et qui se gardait bien de laisser en friche le bien dont la société et la nature lui avaient confié — sans oublier la religion — la charnelle culture et le familier ensemencement. Mais est-ce que sa graine était éventée ou bien que le vent fougueux des caresses la dispersait en l'air... toujours est-il qu'il n'avait pas encore moissonné d'enfants aux lèvres rouges comme des pavots dans la mer blonde des épis. Il ne se rebutait néanmoins et continuait de jardiner, allant regarder quelquefois, sous les choux de son potager, si, d'après une naïve croyance, quelque rejeton n'y était caché.

Le chevalier Raimondin n'était d'ailleurs maraîcher plus heureux que son écuyer et tous les deux se lamentaient quelquefois, tout en chassant la canepetière dans le domaine, que leurs nobles noms dussent s'éteindre et que la source de leur race semblât tarie.

III

Le bon roi saint Louis mit un terme à leurs jérémiades en les convoquant aux croisades où il entendait emmener le meilleur de sa chevalerie. Raimondin revêtit sa plus solide armure et s'enveloppa d'un long manteau que dame Bertrade avait brodé d'or pour lui, à l'écusson de ses pères auquel elle avait joint son propre chiffre enlacé. L'excellent Luc s'était aussi consciencieusement bardé de fer, et dame Pétronille lui avait également façonné un manteau de moindre étoffe, mais que ses larmes avaient, un instant, emperlé comme une rosée matinale. Puis les adieux avaient sonné dans une clameur de cor et dans un murmure de baisers, les deux femmes demeurant ensuite silencieuses comme des statues, cependant que les deux cavaliers n'étaient plus que deux points clairs vibrants d'ombre dans la poussière rouge du soleil couchant. Après quoi elles avaient regagné leur oratoire, passant une part de cette première nuit à égrener des rosaires et à psalmodier des litanies, priant Dieu et la benoîte Vierge Marie que leurs époux et maîtres leur fussent bientôt rendus, après avoir châtié les infidèles et semé d'autels chrétiens le chemin auguste de la croix.

Puis commença, pour toutes deux, le cortège des heures lentes, qui semblent tomber goutte à goutte, toujours avec le même bruit monotone d'eau claire, dans le gouffre de l'éternité, la théorie mélancolique des attentes, qui marchent silencieusement comme des ombres et à tout petits pas, la longueur des jours sans nouvelles et des nuits sans rêves heureux, le sommeil, à peine réveillé par quelques sursauts, des espérances. Et, toutes les deux, s'en allaient-elles, causant à peine, par la belle campagne toulousaine, toute remplie de violettes, ne se baissant même pas pour en cueillir une, à moins qu'elles n'allassent ouïr le prêche dans la basilique romane de Saint-Sernin, où dorment tant de saints, dans la paix dorée des reliquaires. Et les chuchotements d'amour eux-mêmes se taisaient devant ces deux images voilées passant sous les avenues ou humiliées sous le rayonnement divin de l'ostensoir.

Infiniment plus agitée était, en Palestine, la vie de nos deux belliqueux voyageurs. Dès l'arrivée, le chevalier Raimondin avait, dans le premier combat, gagné une blessure dont les souffrances avaient profondément altéré sa vigoureuse santé. Mais bien pis que cela était arrivé au pauvre Luc. Pris par les infidèles, dans la même rencontre et en voulant défendre héroïquement son maître, il avait été emmené en captivité par un riche Turc qui l'avait promu au grade de gardien de ses favorites, après lui avoir fait déposer le douloureux cautionnement au prix duquel, seulement, une telle marque de confiance peut être accordée à un chien de chrétien. Sans espoir d'être jamais remboursé de ce dépôt, Luc avait offert à Dieu (qui n'en avait que faire vraiment !) ce sacrifice, et s'était tout doucement résigné, se consolant bénévolement avec une chère exquise et contractant un embonpoint professionnel qui changeait absolument sa silhouette en même temps que sa physionomie.

Cependant la guerre prit fin sans que saint Louis eût délivré le saint sépulcre. Les prisonniers furent échangés et Luc rendu à son maître. En des temps moins anciens, ils eussent évoqué l'image de Don Quichotte et de Sancho Pança. Puis on regagna péniblement la patrie, armée glorieuse, mais vaincue, manquant de tout pendant la longueur du chemin.

O mes amis ! quelle joie mouillée de larmes quand tous les deux, rentrés dans Toulouse, serrèrent leurs femmes dans leurs bras ! Raimondin était, pour ainsi parler, tout nu sous les lambeaux du manteau que lui avait brodé la douce Bertrade. Et Luc n'était guère mieux mis. Vers les chambres nuptiales les deux couples se hâtèrent, Raimondin par véritable impatience et le pauvre Luc par simple politesse.

. . . .

Comme les deux femmes devisaient le lendemain :

— Imagine-toi, Pétronille, fit dame Bertrade à sa sœur de lait, que mon mari est si pauvre qu'il manque même de haut-de-chausse.

— Ah ! madame, fit douloureusement Pétronille à son tour, si vous saviez de quoi manque le mien, vous le trouveriez bien plus pauvre encore !

ÉPHÉMÉRIDE

ÉPHÉMÉRIDE

I

Dans un vieux tiroir dont j'avais retrouvé la clef, perdue elle-même depuis longtemps, à force d'être bien cachée, je fouillais au hasard sacrilège de souvenirs devenus anonymes avec le temps, ce grand semeur d'oublis. Il y avait là beaucoup de riens qui avaient été, un moment, ma vie, fleurs sèches délicieusement baisées autrefois, billets mystérieux volontairement et devenus des énigmes, rubans qui avaient perdu leur parfum vivant, et même des cheveux coupés, dans des enveloppes dont les dates ne me disaient plus rien. Sans compter de plus importantes reliques; tel un délicieux petit soulier dont je me serais ganté à peine. Avais-je donc aimé Cendrillon ? Et ma pensée inquiète, acharnée à ma mémoire comme à un cheval lassé d'une longue route, plongeait dans ce reliquaire, plus impatientée qu'attendrie. Tout cela était si loin ! si loin !

Et c'était cependant les cendres de ma jeunesse que j'interrogeais, y cherchant, comme dans un âtre mort, une étincelle ou le simple pointillement, rouge comme le sang, d'une braise. Tout cela m'était venu d'heures qui me semblaient à la fois très courtes et éternelles. Tout cela était tombé de mains adorées, en même temps que, des lèvres frémissantes, les serments et les aveux. Avec quelle piété j'avais couché tous ces morts dans leur petite bière, mouillés de larmes très sincères que les vents ont bigrement séchées. Et je m'en voulais de mon insensibilité devant toutes ces choses, moi qui avais cru revivre un instant les délices passées et respirer les parfums évanouis. Nous sommes bien bons de nous préoccuper de la mort quand nous mourons un peu tous les jours, sans y préndre garde, puisque l'être que nous sommes aujourd'hui ressemble si peu à celui que nous étions hier.

Et cependant c'était par des jours pareils à ceux-ci que j'avais autrefois aimé, dans le même décor de lilas aux sèves odorantes, où se mêlaient mes désirs, sous ce même appel des renouveaux que je n'entends plus que d'une oreille assourdie, à travers cette même fièvre magnifique des êtres et des choses qui est le printemps.

Et je me demandais, je me demandais dans la chambre où je m'étais enfermé comme un avare et qu'emplissait cependant un grand rayon de soleil : Comment t'appelais-tu, toi dont le petit doigt n'arrivait pas à remplir cette bague si petite que tu m'as rendue ? Et toi qui étais certainement brune pour avoir posé ce ruban jaune dans tes cheveux ? Et toi qui cachais ton bras potelé — j'en puis témoigner à la déchirure — dans ce long gant de suède pâle ? Et toi qui griffonnais d'illisibles mots sur une feuille de papier à cigarette ? Et toi qui m'avais laissé prendre ce petit brin de chapelet ? Le même carillon chantait à Saint-Etienne, cependant que je veillais seul, une brûlure de baisers encore aux lèvres, dans la grande maison familiale où tout reposait encore, dans la chère maison que la pioche des démolisseurs profanera dans quelques mois ! Ce n'est donc pas la Garonne, mais le Léthé qui court à Toulouse ! Et je cherchais, je cherchais, évoquant de paresseuses images qui, comme Galatée, semblaient se cacher derrière une saulaie, l'épaisse saulaie de mes jours lointains.

Il y en avait d'étonnants, voire de ridicules, dans ces menus objets de piété que j'égrenais, entre mes doigts, comme le rosaire, aux grains inégaux, d'une religion oubliée. Mais celui-ci, entre tous, posa, devant ma curiosité, un gigantesque point d'interrogation : une feuille arrachée à un de ces calendriers dont chaque soir on allège le cahier, volumineux d'abord, très aplati à la fin de l'année. Rien autre chose. Pas un mot dessus. Ce méchant brin de papier très jauni avec sa vilaine impression noire et estompée !

Quel mémento cela pouvait-il me chanter dans l'esprit ?

Je mis ma tête entre mes deux mains et je plongeai dans le crépuscule rose que mes doigts laissaient suinter, rose des chaleurs de mon sang en même temps que des transparences du soleil couchant, d'un rose mystérieux comme ce qu'on pressent, en plein jour, avec les paupières baissées. Et il me parut que ma pensée pénétrait comme dans une grotte de nacre fluide où, tout au fond, des formes passaient, fuyantes comme des sirènes. L'une d'elles finit par se préciser dans ses contours et je reconnus un visage qui m'avait autrefois souri. Puis l'enchantement se matérialisa, pour ainsi parler, davantage encore, et le souvenir que je cherchais me revint doucement, de plus en plus net, celui qui me rattachait à cette feuille déchirée et, d'après elle, comme un savant reconstituant un fossile tout entier d'après une seule de ses vertèbres, je réédifiai l'arbre d'amour tout entier d'où elle était tombée, dans la frondaison triomphante.

II

Elle s'était bien longtemps complu à me torturer de vaines espérances, avant de m'accorder ce que je souhaitais de toutes les forces de mon âme. C'était au temps où j'étais particulièrement captif de certains charmes païens qu'elle possédait en abondance. Mais, bien que certains biographes incongrus aient prétendu le contraire, je n'ai jamais été sottement esclave de la quantité seulement, et je l'ai toujours rêvée enfermée dans une forme plastique irréprochable. Victor Hugo a écrit un admirable passage sur les ventres féminins. Il a qualifié de tragique celui d'Agrippine. Je n'en dirai pas autant de ce qui leur fait contrepoids dans les natures bien équilibrées. Mais il est certain que le visage seul n'est pas susceptible de physionomie et que, de l'autre, celui qui se coiffe d'un pantalon, l'expression n'est pas moins éloquente ni variée pour un amateur délicat. Pour n'avoir qu'un œil, Polyphème n'en avait pas moins un regard susceptible de caresse ou de colère. Ceux qui en ont beaucoup vu vous diront qu'il n'y en a certainement pas deux absolument semblables. Les personnes qui m'en envoient des échantillons ne me font donc pas une plaisanterie aussi banale qu'elles l'imaginent sans doute. Je suis le Lavater de ces aimables joufflus, et je n'en rougis pas.

Donc celle-là m'avait troublé par de réelles et inconscientes promesses, par le secret de divinations intimes dont elle ignorait vraisemblablement le pouvoir. A cet attrait, elle en ajoutait d'ailleurs plusieurs autres que certains estiment de même prix, une très aimable frimousse, beaucoup de belle humeur et même une pointe d'esprit. Au demeurant, une créature aussi parfaite que le comporte un sexe dont la mission la plus sûre est de nous rendre malheureux ou imbéciles. Je lui faisais une cour tout à fait convaincue et il ne me semblait pas que mes hommages lui fussent indifférents. L'obstacle, sans lequel il n'est pas de passion réelle, était d'ailleurs entre nous. Elle avait un mari, et un mari jaloux, ce qui est un piment de plus aux adultères tendresses. Rarement pouvions-nous nous trouver seuls et jamais dans un lieu qui se prêtât aux légitimes expansions rêvées. Nous cherchions les occasions, nous bâtissions des plans, nous dressions des cartes stratégiques. Tout cela platoniquement, hélas ! Ce méchant homme s'obstinait à ne pas être cocu. J'eus infiniment de peine à trouver son point sensible. Comme il n'avait jamais fait un livre, je lui conseillai de se présenter à l'Académie. Il y a toujours à l'Académie deux voix pour ceux qui n'ont fait aucun livre. C'est une minorité, si vous le voulez, mais enfin une minorité honorable et qui vous fait, en province, un bon renom. Ainsi arrivâmes-nous à l'embarquer pour Paris dans le but d'y faire ses trente-neuf visites. Vous croyez peut-être qu'il y passa la semaine? Non ! Avec un bon fiacre, il en eut simplement pour vingt-quatre heures. Quand il eut donné sa parole qu'il n'avait rien produit ayant quelques prétentions à la durée, il fut reçu partout avec une courtoisie parfaite et les deux fidèles lui promirent leurs suffrages. Ils tinrent même parole depuis.

Donc une seule nuit de l'ivresse tant attendue, mais quelle nuit !

Oh ! je me rappelle tout maintenant avec une précision qui m'enchante. Comme l'amour embellit tout ce qu'il touche ! Car elle était affreuse, la chambre d'auberge, à Blagnac, où nous étions venus cacher notre bonheur, par une route poudreuse, furtifs comme des voleurs, fuyant jusqu'aux regards des étoiles enfonçant des clous de diamant dans l'azur sombre ; un lit sordide qui nous apparut majestueux comme un autel ; de petites fenêtres étroites et bordées de rideaux grotesques, mais qui se fermaient sur un paradis. Et puis, sous les croisées enguirlandées de glycine au dehors, la Garonne chantait, couvrant à peine les sables d'or et n'y laissant filtrer que des filets minces et sonores comme des cordes de lyre.

Et, les vêtements tombés un à un, dans la solitude coupable où mes mains tremblaient en les touchant, mon émoi s'accroissant de chaque étoffe légère envolée comme un nuage du soir, j'avais entrevu, puis contemplé, face à face, la merveille que j'avais eu la gloire de pressentir ; et jamais mes instincts de prophète n'avaient eu si grand sujet de s'enorgueillir qu'en cette découverte poursuivie avec l'obstination d'un astronome et la foi d'un mahométan.

Après les douces fatigues, le réveil renouvela mon extase. Un jour délicieusement doux, et tamisé par la grosse toile, enveloppait des blancheurs où l'honneur des Himalayas eux-mêmes s'effaçait.

Tout me semblait beau, dans ce taudis, du rayonnement de ce miracle ; tout jusqu'au calendrier ridicule collé au mur comme un Bottin de poche déchiré par le milieu.

III

Et c'en fut fait de notre bonheur rapide.

Il n'avait duré qu'une nuit, mais j'étais certain qu'elle en garderait le même souvenir que moi.

Au retour de l'ennemi, il nous fallut cesser toute tentative d'entente. Il paraît que le drôle avait des soupçons. Elle me défendit de chercher à la revoir et de lui écrire. J'en fus sincèrement malheureux. Nous n'avions eu le temps d'échanger aucun de ces riens charmants où nos baisers cherchent encore un parfum en d'invisibles lèvres. J'avais bien jeté, en passant, le soir, des fleurs devant sa porte, pensant qu'à les voir si fraîches, elle devinerait mon attention. Mais je n'en avais pas la certitude.

Un jour, — une semaine après peut-être, — une lettre jetée à la poste dans le faubourg Saint-Cyprien et dont l'adresse était de sa chère écriture, m'arriva et je l'ouvris fiévreusement. Elle contenait simplement la feuille du calendrier qu'elle avait arrachée, le matin, en se levant, et dont la date était celle de nos courtes noces. Avec des larmes dans les yeux, j'y lus : *Onze avril.* Au-dessous, en caractères plus gros : SAINTE CUNÉGONDE, et, en bas tout à fait, cette éloquente mention :

Pleine Lune

C'est le trésor que je venais de retrouver.

LE FIANCÉ PÉTULANT

LE FIANCÉ PÉTULANT

I

Le teint plus fleuri encore que de coutume, la barbe taillée de frais et s'ouvrant comme deux ailes d'or, le chapeau crânement assis sur la tempe droite, en un complet de couleur clair dont une branche de lilas blanc rompait la monotonie à la boutonnière, une canne légère aux doigts et dont il esquissait des moulinets en l'air, il avait l'air radieux du Printemps lui-même, d'un printemps pas mythologique du tout, mais carrément fin de siècle, aussi franchement et impertinemment contemporain que les figures arrêtées aux images des dieux dans les si ingénieuses compositions dont notre féal compagnon Charles Touché vient de décorer un Music Hall nouveau, introduisant franchement Bel-Ami et la Goulue dans l'Iliade, au grand plaisir de Patrocle et d'Hélène qui commençaient à s'ennuyer beaucoup en leur propre compagnie.

Et comme un large sourire déliait les lignes charnues de sa bouche, et comme un grand air de bien-être et de liberté recouvrée était dans toute sa personne, je reconnus bien qu'il venait de manquer encore un mariage. Car jamais notre précieux Cadet-Bitard n'est si joyeux que quand il a évité une fois encore, comme Panurge, son patron, la tempeste matrimoniale. Mais, me direz-vous, alors pourquoi cette manie de se vouloir marier toujours qu'a ce philosophe? Ah! que vous êtes naïfs, mes petites gens! Mais Cadet-Bitard n'a jamais voulu se marier que par amour, j'entends parce qu'il ne pouvait espérer coucher autrement que dans ses draps légitimes, avec une personne qui avait su lui donner un grand désir d'elle. Et j'estime que toute la dignité du mariage est dans cette façon d'être compris, laquelle en fait, — comme de l'hypocrisie d'ailleurs, — un hommage à la vertu. Car vous ne me ferez jamais accroire que cette antique institution ait dû son honneur aux miteux qui en font un moyen de fortune, non plus qu'aux mélancoliques repentis épousant de vieilles maîtresses à qui ils ont autrefois emprunté de l'argent, sorte de canailles dont Cadet-Bitard et moi nous nous détournous avec dégoût. Non! morbleu! le mariage n'est quelque chose que parce qu'il est l'*ultima ratio* des tendresses obstinées à des virginités résistantes, la dernière ressource de l'amant qui vainement a appelé à son aide l'auguste et contagieux exemple de tout ce qui aime ici-bas, la plainte harmonieuse que le rossignol module dans les taillis printaniers, les conseils pervers des crépuscules étoilés où l'âme des fleurs s'exhale comme en une haleine de baisers, tous les maléfices naturels qui troublent les seins immaculés eux-mêmes, tombant de la clarté des astres, de l'ombre alanguie des frondaisons, de tout ce qui fait un temple à nos désirs et à nos joies et de tout ce qui nous entoure.

Ah! soyez convaincus que Cadet commence à recourir à toutes ces forces corruptrices. Il n'épargne rien des menues dépenses d'imagination qui si doucement conduisent au déshonneur les jeunes filles inexpérimentées. Mais il s'en trouve de malavisées que tout cela ne touche pas. Il s'en trouve d'autres aussi qui le désarment à force de candeur et lui mettent dans l'âme le remords anticipé d'un succès mal justifié à force d'être facile. Car le drôle a l'âme pleine de générosités et de délicatesses inattendues. Dans l'un et l'autre cas, tout en maugréant, il se travestit très sérieusement en fiancé, moitié pour obtenir à tout prix ce qu'il souhaitait, moitié par vénération pour les réelles innocences dont aucune coquetterie ne justifie la violation.

Et il commence sa cour, bourgeoisement, comme un petit saint. Il plaît généralement et on se dit, dans les familles qu'il fréquente : « Eh! eh! ce diable est un bon diable et rendra sa femme heureuse! » Il y a même des mères jalouses qui lui disent tout bas du mal de sa prétendue. Et les bans se publient; et on achète les trousseaux; et on décide par avance de la carrière des enfants à venir, tout en prenant des tasses de thé. C'est charmant. Mais je ne sais comment cela n'aboutit jamais. Peut-être finit-on par aller aux renseignements et notre Cadet-Bitard en a fait de grises, avec son air bonhomme de maintenant. Mais quand l'affaire est abandonnée, ne croyez qu'il se désole. L'indépendance reconquise console les amertumes de son cœur. Il remet sa tête à la fenêtre du célibat, en la secouant comme un homme qui se serait endormi dans la paille. Alors, moi, je devine tout de suite. Car je lis dans l'âme de mon *alter magot* comme dans un livre. Et, comme aujourd'hui encore, je lui demande : — Comment ça a-t-il raté?... Et, comme aujourd'hui, sans se faire prier, sous la véranda du premier café venu, en humant quelque apéritif ou quelque bière mousseuse, suivant l'heure, il me narre sa mésaventure, la fumée bleue de sa cigarette lui filtrant aux doigts dans un rayon de soleil.

Eh! parbleu, écoutez-le comme moi. Il y a justement une table à côté, et si vous tenez à payer... non! Cadet et moi nous sommes des incorruptibles et vainement nos détracteurs ont cherché nos noms dans les exploiteurs du Panama.

II

— Quand on m'avait dit qu'elle était Toulousaine, j'étais immédiatement parti pour Toulouse. J'ai toujours rêvé, en effet, de m'y établir, une fois marié, et de devenir un des promeneurs dominicaux du Grand-Rond sous l'héroïque effluve des musiques militaires, une jolie bourgeoise de sang latin à mon bras, voire avec, à mes talons, un microcosme de petits bourgeois issus de ma souche et bourdonnant déjà du Virgile tout en poussant leurs cerceaux. Toulouse est une ville essentiellement matrimoniale, parce que les hommes y vivent au grand air, et les femmes à la maison — le dimanche excepté, — ce qui en fait, pour notre sexe, un séjour de liberté incomparable, de fainéantise idéale, de flânerie délicieuse. On m'avait, de plus, montré son portrait et j'en étais devenu amoureux sans hésiter. Encore ce portrait n'était-il que de buste. Mais je devine ce qu'on ne me montre pas. Inutile donc, aux dames, de faire avec moi des cachotteries en continuant à subir l'insupportable tyrannie des vêtements. Ah! vous parlez, messeigneurs Worth et Doucet, de ressusciter la crinoline pour me mettre dedans (ce qui ne serait pas d'ailleurs de refus)! Et vous espérez m'attraper avec ce grossier piège sur la qualité des oiseaux qu'il encage! Vous imaginez-vous que vous me servirez ainsi des merles pour des grives, postérieurement parlant, comme disent les militaires. Sans toucher, je vous dirai ce qu'il y a sous vos cloches. Je n'aurai pas besoin qu'elles tintent pour cela. Non, vraiment, vous ne ferez pas cette infamie-là. La crinoline! Gardez donc aux aveugles cette visière de casquette. Les simples borgnes n'en ont pas besoin.

Oui, je n'avais vu que la simple image de mademoiselle Amélie Calestroupat; mais cela avait suffi à me conquérir tout entier aux charmes stellaires de ses yeux à la fois étincelants et sombres, à la grâce antique de son front étroit, à l'attirance mystérieuse de ses lèvres tout ensemble chastes et sensuelles, à l'harmonieux et lourd casque de sa chevelure de Minerve, à cette séduction de la race si violente et si vivante en elle. J'avais quitté Paris plein de cette vision despotique. A Juvisy, je me sentais flamber encore davantage; à Orléans, un torrent de vinaigre n'eût pas éteint ma flamme; à Capdenac, mon cœur eût incendié le wagon en tombant de mon gilet. Je faillis m'évanouir d'émotion en touchant le sol de Matabiau.

Et ce fut, après la première visite, un bien autre désir! Le buste n'avait pas menti. Tout était largement et efficacement palpable dans le bonheur rêvé. Et je commençai une existence de fatigue et de délices incomparables, vie de cocagne et de Tantale tout ensemble, me grisant, comme un avare, à compter mon trésor, effroyablement impatient de le réaliser en menue monnaie de conjugales caresses. Mais ma belle-mère était là, l'austère madame Calestroupat, qui faisait toujours mine de me taper sur les doigts quand je les avançais trop. Un dragon de vertu et qui avait dû être un fort joli dragon, au temps passé de son service. On narrait même que feu Calestroupat était mort d'avoir passé trop de revues. Une femme adorable, mais que je haïssais toutefois, puisqu'elle me séparait de mon Amélie.

Et c'était, tous les soirs, la même chose, en attendant le grand jour. Reconduit jusqu'au seuil par la bonne, une Agathoise délicieuse d'ailleurs et répondant au nom de Lydie, j'écoutais les verrous se refermer jalousement derrière moi, et je m'en allais sur mon appétit, mais non *quærens quem devoret*. Car c'est un genre de dîner qu'on trouve facilement à Toulouse ; mais j'avais juré d'être inexorablement fidèle à ma fiancée.

III

C'était Lydie aussi qui m'ouvrait la porte, tous les soirs, quand je revenais reprendre ma cour après dîner. Elle était fraîche et de beau sang aussi, la gaillarde. Car les filles d'Agde sont justement renommées tout le long de la Méditerranée. Dans le long couloir qui menait aux appartements, elle vous répandait une odeur de jeunesse et de santé qui me grisait déjà. Comme il faisait très sombre à cette heure, dans le couloir, j'aurais bien pu prendre un petit acompte ancillaire avant de retourner à mon délicieux supplice. Je repoussai d'abord cette tentation avec horreur ! Mais elle revint plus obsédante, avec un lot de circonstances atténuantes à son appui. Après tout, ça ne sortirait pas de la maison. Cela ne valait-il pas mieux que d'aller courir des guilledous sous le patronage des sept troubadours, en des quartiers décriés? On ne condamne pas non plus, à de tels jeûnes, un gaillard en pleine santé sous le nez de qui on promène, à la journée, des mets délicieux! Je flanquerais Lydie à la porte, une fois marié, avec un joli cadeau. Ce serait une aventure sans conséquence et dont, en tout cas, personne ne pourrait jaser. Ni vu, ni connu! je t'en moque. Je n'ai pas envie non plus de devenir enragé. On dit que la privation de femelle est le principe de la rage chez le meilleur ami de l'homme. Holà, je suis mon meilleur ami!

Et, par de semblables raisonnements, par d'aimables sophismes de cette sorte, je me résolus à commencer la vie de famille par l'antichambre. Ce soir-là, il faisait justement plus noir encore que de coutume, le temps étant à l'orage et le couchant s'étant étendu sur un lit non pas de pourpre, mais d'améthyste. C'était simple comme bonjour. Je frapperais tout doucement de façon à n'être pas entendu dans le salon. Aussitôt la porte refermée, je toucherais, en une obscure chambrette, sise sur le chemin, les avances d'hoirie que je m'étais promises, si toutefois j'ose qualifier ainsi ce que j'allais prendre. Et puis je ferais ma petite entrée pimpante et rassérénée.

Cela réussit à merveille. J'opérai en pleines ténèbres avec un plein succès. Seulement, après, je reçus une abominable gifle.

— Lydie ! soupirai-je.

— Il n'y a pas de Lydie ! me répondit la voix vibrante de madame Calestroupat. Lydie a une fluxion, et c'est moi qui vous ai ouvert.

— Madame, lui répondis-je avec dignité, il y a maldonne... Non ! malbonne ! et il eût été délicat de me prévenir.

— Pas si bête ! me répliqua la délicieuse femme.

Et je sentis mon pardon dans son accent, — car elle a un peu d'accent, — mais un pardon dont je ne voulais pas. Un pardon humiliant et qui eût été la perte à jamais d'Amélie. Désespérant de devenir mon gendre, je renonçai à être mon beau-père. Et voilà pourquoi tu me revois à Paris, un lilas en fleur à la boutonnière, une cigarette dérisoire aux lèvres, une feinte gaieté dans l'esprit, une blessure éternelle au cœur, peut-être !

Et, d'un soupir plein de mélancolie, Cadet-Bitard huma jusqu'au fond le bock interrompu.

L'AVISÉ

L'AVISÉ

I

Si je vous disais que je ne puis voir encore passer un régiment d'artillerie sans un émoi considérable ! J'y devine toujours quelque camarade d'autrefois que je ne reconnais pas de loin, — nous avons tous pas mal changé, depuis que nous étions à l'Ecole ! — mais dont je serais si heureux de serrer la main au passage. Ah ! si je n'avais pas eu la folie de faire des vers et d'écrire des contes incongrus, — ce qui, paraît-il, est incompatible, tout en m'étant fort naturel, — je serais colonel aujourd'hui. Tous ceux de ma promotion qui ne sont pas morts sont colonels, à moins qu'ils ne soient présidents de la République. J'ai été un fort grand sot de préférer un bout de plume à une belle épée. Mais, que voulez-vous! En ce temps-là, où il fallait opter, nous ne croyions pas que jamais aucune nation osât attaquer la France, ni même tentât de lui résister. On nous apprenait, sous l'Empire, que nous étions invincibles et l'excellent général Favé avait, en particulier, consacré deux leçons de son cours d'art militaire à nous expliquer que Paris ne pouvait être investi, par une armée si considérable que ce soit. Nous l'avons bien vu! Alors c'était la vie de garnison à perpétuité, avec la retraite au bout, sous le képi modeste du chef d'escadron. J'avoue que cet avenir m'avait épouvanté. Et puis, dans notre sang latin, à nous autres de Toulouse, il y a volontiers quelques gouttes de sang bohème. Les beaux gitanos qui habitaient jadis un carrefour de Saint-Cyprien en contaient peut-être quelquefois à nos grand'mères.

Mais quel plaisir pour moi quand le régiment fait halte et que, l'état-major se dispersant dans les cafés, je retrouve quelque vieux compagnon près de qui je m'assieds à une table ensoleillée, en quelque ville provinciale, où le hasard m'a conduit et où la troupe fait étape.

C'était comme cela, ce jour-là, à Château-Thierry, si j'ai bonne mémoire, où les troupes passent souvent à cause du voisinage de Châlons. Avec deux des officiers, l'un mon ancien, l'autre mon conscrit, j'avais renoué connaissance, et nous étions allés dans le meilleur estaminet, au bord de la rivière, et nos absinthes brillaient, dans les verres, comme des émeraudes, le soleil couchant les traversant, en venant mourir oblique, sous les toiles tendues au-dessus de nos têtes. Il faisait une belle fin de journée printanière, toute imprégnée d'odeurs tièdes; et de belles filles, déjà dans le débraillé des premières chaleurs, frôlaient le trottoir avec des coquetteries alanguies. Et nous croquions tout bas, tous devenus camarades par la communauté des amis, tous assis à la même table, nos meilleurs souvenirs d'amour, l'image des maîtresses d'antan; nous réveillions l'écho des baisers endormis dans les alcôves profondes, sous la paix parfumée des rideaux; nous troublions le grand repos du cimetière, où les caresses évanouies gisent, quelquefois, sous des pierres sans nom, mais toujours sous des fleurs. Et tout ce qui s'était enfui de notre âme, comme une eau qui coule, dans les heures délicieuses du passé, semblait rentrer en nous, un instant, comme un reflux jonché du bouquet éparpillé d'Ophélie.

II

De quoi voulez-vous que parlent, en effet, des hommes qui n'ont ni abdiqué en amour, ni tripatouillé dans le Panama; de braves gens qui aiment leur pays et détestent la politique, ce qui est tout un?

Il est absolument certain que si l'on supprimait, de la vie, les heures trop rares qu'emplit l'enchantement des charnelles tendresses, il ne nous resterait plus qu'à maudire les parents qui, sous le prétexte de se distraire, un instant, à nos dépens, nous ont jetés dans ce monde. Leur seule excuse est de nous avoir légué cette belle fièvre sensuelle, et le secret de ces joies profondes où l'oubli des maux s'écoule comme dans un Léthé. Car je n'ai jamais compris qu'on nous recommande, dans l'enfance, de leur être surtout reconnaissants, comme d'une peine prise, de nous avoir confectionnés. C'est bon pour le temps où nous ignorions encore la recette. Oh! les braves gens! ce qu'ils pensaient peu à nous, à ce moment-là!

Non! certes, l'existence ne vaudrait pas le prix du revolver destiné à en finir avec elle, dépouillée de ce que nos pères appelaient : les amoureuses délices!

Aimez! aimez! tout le reste n'est rien!

dit l'admirable chanson de La Fontaine dans « Psyché ». Je considère le temps que nous ne donnons pas à cette sirène comme une série d'entr'actes qui deviennent, hélas! de plus en plus longs, jusqu'à l'entr'acte éternel sur quoi se ferme le rideau blanc du suaire. Les autres distractions injustement réputées plaisirs, et le travail lui-même qui mériterait plutôt ce nom, ne sont que des façons de passer le temps et d'attendre la reprise de la pièce. Il est bien entendu, d'ailleurs, que je considère, comme faisant partie de celle-ci, les délicieux prologues que comporte ce genre de théâtre et qui se jouent dans le décor bleu de l'espérance, aussi bien que les épilogues mélancoliques, mais charmants encore, qui s'éteignent dans les apothéoses dorées du souvenir. Le diable soit du brutal qui ne voit dans l'amour que ce qu'y trouvent les bêtes. Encore celles-ci y apportent-elles des malices voluptueuses que nous ne soupçonnons pas. Mais celui-là est un imbécile encore plus qui n'y voit pas toujours, et avant tout, ce qu'elles y mettent dans leur instruction des gens. Au demeurant, c'est la seule occupation digne de recherche et d'autant plus que malheureusement — comme je l'ai dit tout à l'heure — elle n'exclut aucune des recherches estimées supérieures par ceux qui ont juré de faire contre fortune bon cœur, telles que méditations philosophiques, découvertes scientifiques, musique du rythme ou des rimes, et autres billevesées spécieuses, bonnes à tromper le désœuvrement de badauds désemparés.

Tels nous causions, comme vous le savez, et tels nous concluions en chœur, un chœur antique, unanime et solennel, en l'honneur de l'amour :

— Oui, l'amour ! et rien au delà !

Un monsieur qui était auprès de nous haussa imperceptiblement les épaules. Comme il était connu du capitaine Baudrille, natif de Château-Thierry, et qui avait rapproché sa table de la nôtre, nous ne relevâmes pas cette impertinence. D'autant que Baudrille nous l'avait présenté comme l'avocat le plus éminent de la cité, sous le nom de maître

Chicot. Le physique de l'emploi d'ailleurs : visage glabre entre des favoris, bouche bavarde et œil inquiet comme celui de tous les ambitieux, un futur grand homme de province, grand politicien certainement, en attendant. Mon Dieu! il paraît qu'il faut qu'il y en ait! Mon confrère éminent et ami Léon Bernard-Derosne vient même de faire un livre tout à fait intéressant sur la dignité de la politique. Mais il y a dedans une chose qu'il ne me fera jamais avaler. C'est que l'art n'existerait pas sans la politique et qu'il faut le régime parlementaire pour enfanter des Homères. Pas plus que je n'accepte ce vers célèbre, mais imbécile :

Un Auguste aisément peut faire des Virgiles.

Mais passons. Non content de hausser imperceptiblement les épaules, maître Chicot nous dit froidement :

— J'avoue, messieurs, que je ne vous comprends pas.

— Comment! m'écriai-je, monsieur!... Alors? jamais!

Et ce « jamais » avait une intonation d'une impertinence telle que, refusant de répondre à moi-même, maître Chicot, toujours imperturbablement sérieux, se pencha à l'oreille du capitaine Baudrille et y murmura des mots que nous n'entendîmes pas.

III

Je ne pensais plus guère à cette causerie remontant à une dizaine d'années, quand hier je rencontrai le capitaine Baudrille, devenu, s'il vous plaît, lieutenant-colonel. Comme ça vous rajeunit! Indélicat militaire! Je ne l'en complimentai pas moins cordialement de son grade. Nous nous assîmes pour causer plus à l'aise. Même soleil printanier frisant nos fronts sous les marquises mobiles du boulevard et mettant des pierreries dans nos verres; même souffle parfumé montant des charretées de jacinthes et de violettes, voire de giroflées. Et, sur le trottoir, même tentation ambulante, amplifiée, venant, non plus des jolies filles de province amoureuses du pantalon à double bande rouge, mais de ces courtisanes de Paris qui sont, quoi qu'on en dise, — M. Béranger surtout, — le plus aimable ornement de la cité. Certains décors, se répétant, nous induisent dans un ordre identique de pensées. Si on supprimait de nos méditations tout ce qui y entre par l'extérieur, notre cerveau demeurerait cruellement vide. Un souvenir nous passa donc, en même temps, à tous les deux, de la conversation de Château-Thierry. Nous nous en rappelâmes les acteurs. — Qu'est devenu celui-ci? — Et celui-là? — Il aimait diantrement les femmes! — Et un tel donc! — — Tous deux avaient raison! — Tu n'as donc pas changé d'opinion? — Non! mon vieux. Je suis immuable en cette matière. Immuable au fond, parce que je n'ai jamais mieux apprécié l'unique raison d'être que je connaisse à l'homme. Immuable aussi dans la forme, parce que je n'ai pas envie, en marmottant une palinodie, de passer pour le renard de la fable qui trouvait les raisins trop verts. Et lors même que je ne pourrai plus atteindre à la vigne mûre, je suis résolu à célébrer encore, de la parole au moins, la gloire des treilles amoureuses où le baiser fleurit sur une pourpre sanglante. Tels les vieux coqs qui chantent encore le matin, sans avoir plus rien à dire aux poules qu'un noble adieu.

Un nom vint tout à coup sur mes lèvres.

— Et maître Chicot ? l'avocat chaste ?

— Oh ! oh ! chaste ! fit en riant Baudrille. Maître Chicot est devenu l'honorable Chicot. Député, mon cher, représentant la France, de par les quinze cents voix que lui ont données les goitreux d'un petit trou de Savoie, où personne ne le connaissait. Mais enfin député ! faisant des lois, et, de plus, marié !

— Pourquoi faire, marié ?

— Mais pour faire comme tout le monde.

— Cocu, alors ? outrageusement cocu ?

— Pas le moins du monde.

— Alors son mariage n'a servi en rien à sa fortune ?

— Au contraire. Il lui doit tous ses succès oratoires.

— Je ne comprends plus. Tout est mystérieux décidément dans ce personnage. Mais, au fait, que t'avait-il dit à l'oreille, le jour où, le voyant seul rebelle à nos enthousiasmes amoureux, je lui ai demandé : « Alors ?... jamais ? »

— J'y suis maintenant! C'est à moi qu'il a répondu, en effet, tout bas : — « Pardon ! mais seulement quand j'ai à parler en public, parce que j'ai remarqué que ça me dégageait les idées et que ça m'éclaircissait la voix. »

Et dites donc maintenant que ceux qui nous gouvernent ne sont pas des avisés!

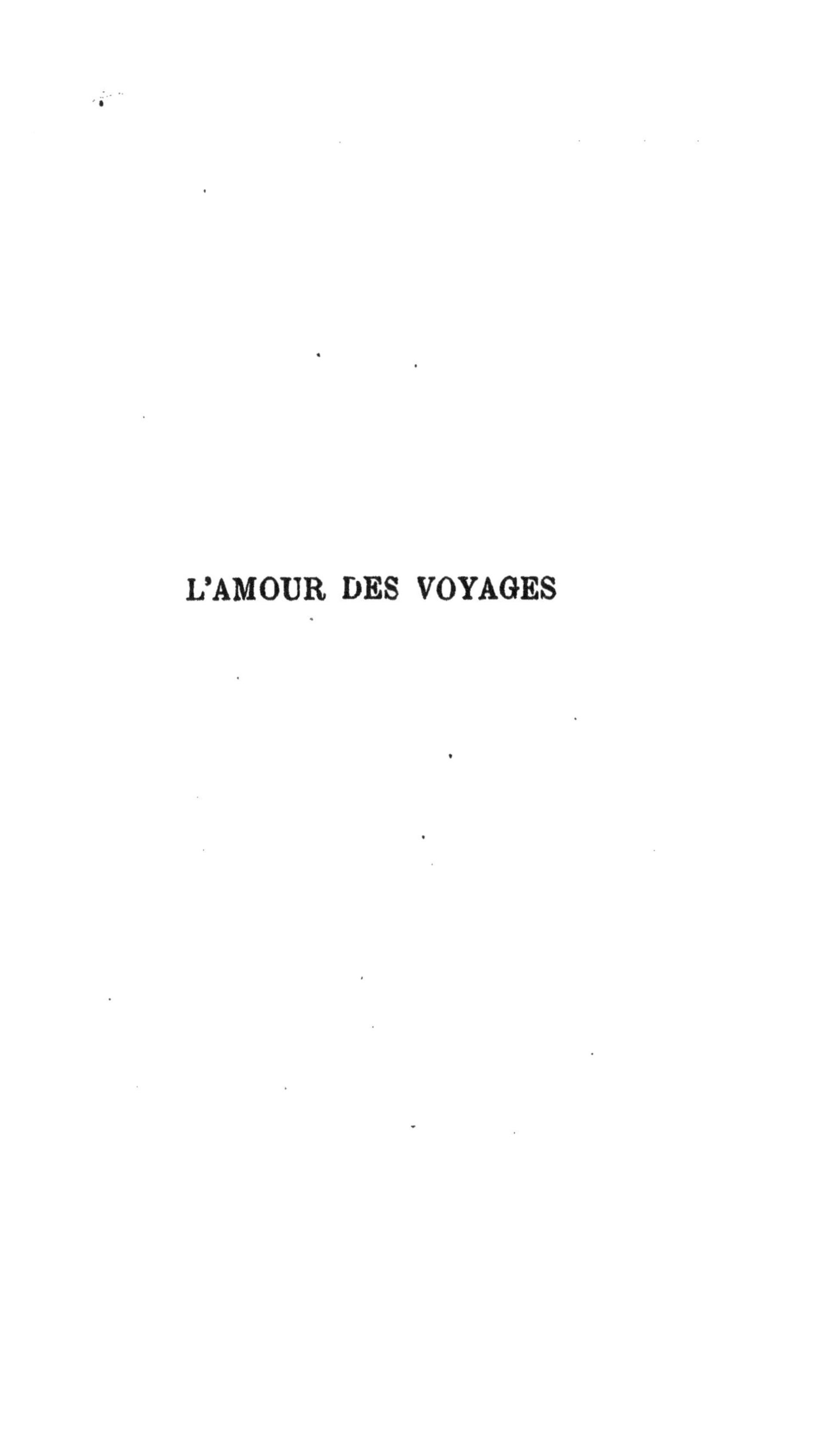

L'AMOUR DES VOYAGES

L'AMOUR DES VOYAGES

I

Ceux qui attribuent la décadence du théâtre à mille raisons spécieuses, à l'insuffisance des auteurs, à la suffisance des comédiens, à la sécheresse du temps, à l'accroissement des cafés-concerts, à l'heure tardive du repas sérénal, aux chances d'incendie, sont vraiment des gens bien superficiels et de nature pudique en imaginations. Il est vrai, le drame se meurt, la comédie agonise, le vaudeville respire à peine et l'opérette elle-même exhale, à travers ses flonflons, de petits bruits ressemblant fort à des derniers soupirs. Où sont les succès légendaires? Un auteur se tient maintenant satisfait pour trois représentations et proclame son succès dans ses propres écrits. *Habemus confitentem reum.* Tout cela est assurément morose. Mais les éléments de gaieté et de tristesse, de chansons et de terreurs qui inspiraient les anciens auteurs, en leurs inventions scéniques, n'ont, pour cela, quitté le monde. Le théâtre ne périt pas, en réalité : il se déplace au profit des spectateurs ; car il ne coûte plus rien aux gens qui ont vraiment envie de s'amuser.

Il lui a suffi pour cela de descendre du chariot de Thespis, dont l'essieu ne valait plus grand' chose, pour monter dans le temple de Thémis qui joue tous les jours en matinée. Thespis! Thémis! presque la même chose, la même chose tout à fait pour les jeunes naturalistes dont le code est, avant tout, l'orgueilleuse ignorance des mythologies. Oui, mes amis, de quoi vous plaignez-vous? On vous faisait payer huit francs, presque dans toutes les salles, le droit d'y avoir le derrière écrasé entre les bras d'un fauteuil rouge — l'Odéon excepté, où l'on pourrait prendre sur place une leçon de natation. — Corbleu! allez donc pour rien à l'audience. Vous y rirez autant pour le moins, et vous y pleurerez au besoin, si c'est votre façon de rire. Toutes les scènes à faire y sont faites. C'est le triomphe de l'esthétique de l'ami Sarcey. Sans compter que tout le monde y est acteur, à commencer par les graves personnes qui portent des jupes noires ou rouges, — non pas comme il serait logique, suivant les convenances de leur teint, mais en vertu du privilège enviable de se pouvoir déguiser toute l'année. Lamoignon, que Boileau a chanté, et d'Aguesseau, qu'on nous cite toujours, étaient des présidents austères. Les nôtres maintenant ont le mot pour rire. Ils ont déridé jusqu'aux actionnaires du Panama en des représentations qui, tout au moins, les ont indemnisés en gaieté de leurs pertes. Ils excellent à blaguer les anarchistes dont la tête est en jeu. Plaisanteries un peu macabres, mais qu'adorent les abonnés du théâtre d'Antoine. Ce spectacle rend le peuple bon. Leurs arrêts ont d'ailleurs la portée littéraire de dénouements plus ou moins heureux. Le public témoigne son contentement ou sa mauvaise humeur. Dans ce dernier cas, on le flanque à la porte en lui refusant une contremarque. Il s'en moque pas mal, puisque la pièce à laquelle il s'intéressait est finie. Les journalistes attachés au palais sont devenus de véritables lundistes. En de réels feuilletons, ils critiquent de l'art judiciaire comme leurs confrères de l'art dramatique. Ce n'est pas comme ça qu'ils auraient conclu. C'est ce qu'on appelle le respect de la chose jugée et ce qui recommande absolument la loi aux bons citoyens.

Entrée gratuite, — pièces variées et jouées toujours sincèrement, — comptes rendus le lendemain par les Saint-Victor de la basoche. Voilà vraiment un spectacle complet et avec lequel les représentations théâtrales ne peuvent vraiment plus soutenir la concurrence. Que diable! la vérité a quelques droits et je m'intéresserai toujours plus à une aventure authentique arrivée à un monsieur qu'on guillotinera vraiment à l'occasion, qu'aux plus merveilleuses inventions de M. d'Ennery lui-même ! Tous cabots, grâce à la justice. Pas besoin de Conservatoire pour y débuter. Il est beaucoup plus simple d'assassiner un passant que de suivre deux ans le cours de M. Got. Si l'on a d'ailleurs un tempérament plutôt comique que tragique, on se contentera de toucher des chèques à une société de filous. On sera vraisemblablement acquitté, mais on aura eu les émotions de la scène, ce qui est bien toujours quelque chose.

II

Il y a longtemps que je ne vais plus, comme spectateur s'entend, étant affligé d'une aphonie qui s'appelle conscience et ne m'a pas permis d'aborder personnellement la scène, qu'à ce genre de spectacle, et j'y entraîne volontiers mes amis. Ça m'évite de demander, pour eux, une loge aux directeurs en leur faisant comprendre, d'un air gracieux, qu'on sait qu'ils ont beaucoup de places à donner. Le plus fidèle est Numa Cynéphore, un Marseillais devenu Parisien, et né économe. Ce n'est ni avec les comédiennes, ni avec les ouvreuses que nous mangeons notre argent. Avons-nous envie de nous amuser comme tout le monde? Nous allons au Palais de Justice, pour digérer notre déjeuner en attendant le dîner, comme Louis XIV qui se faisait jouer du Molière entre ses repas. Nous avons nos artistes préférés. Le parquet a ses Dupuis et ses Galipaux. Nous choisissons. Pas de bouquets à envoyer. Cette démarche serait certainement jugée inconvenante. Ça manque un peu de corps de ballet. Nous comptons demander à Mariquita un pas de petits clercs qui réparerait cette omission. Vous savez qu'une danse de la Loïe Fuller dans une robe de conseiller serait d'un effet magnifique. Mais patience, tout cela viendra !... quand le théâtre aura épuisé ses dernières ressources et mis la clef sous la porte d'une faillite définitive.

Oui, voilà comment, Numa Cynéphore et moi, nous passons nos après-midi innocentes depuis dix ans. Le premier procès qui nous intéressa était vraiment d'une espèce singulière. Un quidam avait violé une demoiselle en chemin de fer. L'avocat de ce drôle le défendait par des arguments absolument scientifiques, ce qui est la grande mode aujourd'hui. S'appuyant sur des rapports médicaux et des expériences de M. Charcot lui-même, et soutenant que le mode de locomotion auquel avait été soumis son client constituait, à lui seul, une circonstance atténuante, la trépidation des wagons exerçant, sur certains systèmes nerveux, une véritable exaspération. Il en résultait un grand danger pour la vertu en voyage, danger dont la conscience humaine ne saurait être rendue responsable, puisqu'il s'agissait d'un phénomène purement physique.

Il me parut que Numa, qui avait déjà la quarantaine en ce temps-là, écoutait le discours avec une attention extraordinaire. Le procureur répliqua, il est vrai, mais ce ne fut pas pour nier le phénomène automato-aphrodisiaque constaté par des membres de l'Institut et acquis à la science. Aussi le jury fut-il très indulgent. Après tout, pourquoi cette péronnelle avait-elle pris le train? — Té! j'ai mon idée, me dit Numa.

Et, deux jours après, il m'annonçait qu'il avait loué une petite maison à Corbeil, sous prétexte que sa femme aimait le pain d'épices, qu'on y fait très bien, en ajoutant : « Je crois que ça me fera grand bien. » Il n'en continua pas moins à venir à Paris, tous les jours, assister aux audiences, bien que Corbeil possède aussi un tribunal, mais bien moins important.

Vous ai-je dit que mon ami Numa était marié? Sa femme est fort ennuyeuse, mais sa maîtresse est charmante. Ce qui, de vous à moi, est une rude décompensation. Madame Numa, très confite en dévotion, n'est pas pour être exigeante en amour. Mais mademoiselle Coralie est une Toulousaine ardente dont l'âge n'a pas éteint les feux. Il y a dix ans surtout, l'époque dont je parle, c'était, de tous points, une gaillarde idoine aux coupables délices de la chair et les prisant fort au-dessus des théories platoniciennes. Numa a des occupations à Paris, mais qui n'ont rien d'impérieux. Vous avez maintenant saisi son plan, j'en suis convaincu. En s'installant avec sa femme, à dix lieues du boulevard, il se ménageait une heure de chemin de fer chaque fois qu'il allait rendre visite à mademoiselle Coralie. Il me parut qu'il s'en trouvait bien.

Cependant, l'année suivante, il loua à Montargis, sous prétexte que sa femme adorait les chiens. Une heure de trajet de plus. C'était comme s'il prenait deux apéritifs au lieu d'un seul. La recette était bonne décidément. Car il m'avoua qu'il se trouvait rajeuni et mademoiselle Coralie me parut d'une humeur charmante, ce qui est un criterium absolu. Beaucoup de femmes sont d'ailleurs comme celle-là. La grande Catherine était intraitable avant son déjeuner. Mademoiselle Coralie, qui avait le port majestueux d'une impératrice, était de même, d'autant que, fidèle à Numa, elle ne déjeunait pas tous les jours. Tout allait donc pour le mieux. Néanmoins, l'année d'après, Numa transporta ses lares à Orléans, sous prétexte que sa femme adorait le vinaigre. Trois heures de wagon n'étaient pas de trop pour le mettre en appétit.

L'année qui suivit, il changea de ligne. Des perfectionnements apportés au matériel de celle qu'il avait choisie d'abord en rendaient la traction plus agréable, mais moins efficace. Il s'en alla, d'un coup, jusqu'à Dijon, sous prétexte que sa femme adorait la moutarde ; car c'était toujours d'elle qu'il affectait de se préoccuper pour justifier son humeur voyageuse. Il se trouva que cette moutarde ne convint pas, comme on l'espérait, à la santé de madame Numa, et qu'il fut nécessaire qu'elle allât manger l'année d'après, sur place, du saucisson de Lyon ! Etrange caprice d'un estomac vertueux ! Ce fut le ratafia de Grenoble qui lui fut absolument nécessaire l'année suivante. On était en 1889. En

1890, Numa ne douta pas un instant que ce fût l'air de Valence qui avait manqué jusque-là à sa femme pour se bien porter. En 1891, il se décida pour l'eau d'Orange, laquelle possède des vertus ignorées jusqu'ici des médecins. Le pont d'Avignon lui parut, en 1892, très propre à distraire poétiquement la chère malade. Il essaye, depuis 1893, d'un bon traitement à la bouillabaisse, à Marseille.

Numa Cynéphore a aujourd'hui la cinquantaine.

J'ai reçu une lettre de lui, ce matin, qui m'annonce qu'il se décide à passer la frontière, la santé de sa femme ne supportant pas, décidément, le climat français. Il ne viendra plus que quatre fois l'an à Paris, mais, au moins, il n'y perdra pas son temps.

Et voilà comment l'amour du voyage peut nous venir en vieillissant!

LE SECRET

LE SECRET

I

Dans ce délicieux pays de Villaudric où se fait un des meilleurs vins du monde, en notre pays languedocien que je ne revois jamais sans tendresse, habitait le vigneron Grégoire, lequel tenait, en même temps, une façon d'auberge fort bien achalandée où sa fille Victorine versait, elle-même, le nectar aux clients, une belle fille, sous son mouchoir aux couleurs voyantes, unissant au corsage de Diane chasseresse les hanches d'une Vénus callipyge, ce qui est une excellente combinaison anatomique et tout à fait idoine aux voluptés de l'amour. Brune, avec cela, s'entend, et ce soleil dans les yeux qu'on ne trouve qu'autour de Toulouse. Alerte et pas bégueule aux propos salés auxquels le patois, d'ailleurs, donne une saveur de pureté, elle passait néanmoins pour sage et le voisin Marcel, également vigneron de son état, la souhaitait pour femme à son fils Antoine. De cette façon, les deux lots les plus fertiles du pays seraient réunis dans une même famille et on pourrait vendre, un peu plus cher, n'ayant plus à se faire concurrence, leur vin aux pauvres citadins dont la duperie est l'unique préoccupation du paysan français. Antoine, d'ailleurs, sans être aussi joli que Victorine, n'était pas déplaisant de sa personne. Rien de plus naturel donc et de plus logique que cette alliance. Et cependant, quand maître Marcel en parlait à maître Grégoire, celui-ci éludait la question et, si maître Marcel insistait, maître Grégoire finissait par formuler un refus.

— Enfin, pourquoi, vieil âne rouge, ne veux-tu pas donner ta fille à mon fils ? interrogeait le premier.

Et le second de répondre :

— Ça, c'est mon secret.

Ce secret, parbleu ! je vais vous le dire tout de suite, si vous ne l'avez deviné. Tout en tenant fort à l'honneur de sa fille, maître Grégoire se rendait fort bien compte que l'auberge était fréquentée surtout par des jeunes gens amoureux de Victorine et que, le jour où sa fille quitterait la maison, c'en serait fini de cette clientèle, non seulement bien payante, mais d'une agréable compagnie. Car le bonhomme, un sage, comme vous le voyez, prisait fort la gaieté. Vous me direz que cela n'était pas d'un père absolument délicat. Sans doute, mais j'ajouterai, pour la défense du vigneron, qu'il avait une confiance absolue dans la vertu de son héritière, se disant, avec une apparence de raison, que, chez les très belles filles, l'orgueil de la beauté remplace, en général, les vertueux principes.

En quoi il avait tort. Car, parmi ces soupirants qui se venaient consoler, autour de la table paternelle, en humant, moyennant finances, du Villaudric à pleins pots, un d'eux, le maître d'école Sidonien, avait su toucher le cœur de la jeune fille, si bien qu'ils en étaient déjà à se donner de nocturnes rendez-vous, cependant que maître Grégoire, après avoir fait sa caisse et très lassé, dormait lourdement dans sa chambre, Victorine n'ayant plus personne pour la surveiller, puisqu'elle était, depuis son enfance, orpheline de mère. Les lieux de ces rencontres étaient sans cesse changeants, la pauvrette ayant toujours peur d'être guettée par quelque méchant.

Et maintenant vous savez pourquoi, au commencement de ce récit, vous les rencontrez au clair de lune, par une de ces admirables nuits de là-bas où l'Amour ouvre toutes grandes ses ailes bleues emperlées d'étoiles comme d'une rosée d'or.

II

A la porte du forgeron Peyrolade, le vieux foudre de chêne étale au rayonnement céleste sa panse arrondie. On est en août et il s'agit de le réparer pour les vendanges prochaines et d'en resserrer les flancs distendus avec une carcasse de fer nouveau. Mais le forgeron Peyrolade est un gaillard avisé et ne laissant rien perdre de ce qui peut servir ici-bas. Il a fait une large ouverture à l'avant de l'immense tonne pour y pénétrer plus aisément et y racler la couche intérieure de tartre déposée par les cuvées anciennes, résidu précieux par son arome et qu'il vendra à d'habiles sophistiqueurs de Villaudrics insidieux. Actuellement, donc, le vaste et sonore vaisseau de bois creux porte deux entailles circulaires, une normale, tout en haut et par laquelle se sont faites les coulées, l'autre fantaisiste et improvisée par le vieux drôle dans un but qui ne mérite aucun encouragement. Car j'entendrais volontiers que les faiseurs de vins mensongers fussent traités par la loi aussi sévèrement que les faussaires, le bon vin n'étant pas moins précieux que l'or et que l'argent. Entre les planches recroquevillées légèrement par le jus du bois sous la chaleur diurne, glissent les lumières argentées de la lune et le monstre a l'air de se recueillir dans le silence, en attendant l'âme légère qui s'exhale du raisin foulé et qui monte comme une fumée chantante.

Alentour, cependant que Phébé (n'ayons vergogne, nous autres Latins, de notre mythologie) versait des coulées d'argent clair sur la plaine endormie et sur les cimes tremblantes des feuilles baignant son image à l'eau fraîche des sources et poursuivant de ses flèches lumineuses les ombres rapides des nuages, tout dormait dans le village, hormis toutefois Victorine et Sidonien, qui n'étaient pas si bêtes que de gaspiller en sommeil les caresses de cette nuit étoilée. Les amoureux venaient d'errer longtemps sans trouver un de ces gîtes improvisés où nichent les tendresses errantes, comme des oiseaux aux ailes lassées. Tout leur était terreur dans l'espace, où le silence même avait mille bruits, dans le bois lointain où le mystère même avait des yeux. Ils revenaient, plus assoiffés encore l'un de l'autre, portant aux lèvres le poids des baisers non cueillis, les bras brisés sous le faix des étreintes non rendues, pleins de cette langueur délicieuse et cruelle qui nous vient des désirs désespérés. Tout à coup, Victorine souleva les lourds cheveux qui noyaient son front et, muette, s'avança timidement vers le foudre en réparation à la porte du forgeron Peyrolade. Sidonien la suivit, et, sans avoir échangé un mot, tous deux y furent bientôt blottis, bien que non sans peine, l'échancrure inventée par maître Peyrolade étant suffisante à peine à leur passage et leur ayant mis en lambeaux le peu de vêtements qu'ils avaient cru devoir emporter pour sauver la pudeur de cette promenade.

Et maintenant, s'il vous plaît, messeigneurs, écoutons les murmures dans les saulaies, la chanson des grillons sous leur berceau de mousse, la plainte du fleuve entre ses rives monotones, le rire argentin de la source sous le chatouillement des roseaux, voire même les ronflements majestueux de maître Grégoire dans son lit, mais respectons la solitude amoureuse de ces deux enfants ; gardons-nous de troubler la paix de ces heures inoubliables qui portent en soi leur paradis et transforment en Eden jusqu'au fond d'une vieille tonne à douve éventrée et béante, au clair de lune, devant le seuil encrassé d'un forgeron de village.

III

— Sors par l'ouverture d'en haut, ma mignonne Victorine. Tu monteras sur mes reins et tu t'accrocheras aux bords. Elle est plus large, moins coupante et tu ne risqueras pas de t'y abîmer la peau. Moi, je vais me glisser, les pieds en avant, par celle d'en bas qui nous a servi déjà et j'irai te cueillir ensuite aux flancs du tonneau.

Ainsi parla sagement Sidonien, le petit jour venant déjà, comme il était visible à l'écharpe d'or pâle que les brumes faisaient flotter aux épaules de la Terre, du côté de l'Orient. Et s'arc-boutant aux parois, les mains sur les genoux, il tendit son échine souple à la belle fille qui y posa, l'un après l'autre, ses pieds nus, ce qui lui fut, à lui, la plus voluptueuse sensation du monde. Après quoi, passant sa tête et ses bras par la lucarne supérieure, elle effectua, vigoureuse, un de ces beaux rétablissements sur les coudes qui sont l'honneur de la gymnastique.

— Sauvés! fit-elle joyeusement.

A ces mots, le tabouret vivant qu'elle avait tout à l'heure se retira. Mais elle commença de ressentir alors les angoisses du poisson dans l'ouverture resserrée de la nasse. Bien qu'abondante, sa gorge ferme avait passé sans encombre et elle se trouvait engagée à mi-corps, le solide contour de ses seins lui interdisant toute tentative de recul, et le rebondissement savoureux de ses hanches refusant absolument de se prêter à aucun mouvement en avant. Telle une sirène du flot céruléen, telle elle émergeait des rondeurs supérieures du foudre dans une des situations les plus critiques où une jeune fille bien élevée se soit trouvée jamais.

— Sidonien, viens à mon secours! fit-elle d'une voix étouffée.

Mais le pauvre Sidonien était bien empêché de venir à son aide. N'était-il pas, pour son propre compte, dans un embarras tout pareil! Comme il l'avait annoncé, il avait engagé dans l'ouverture inférieure de la tonne ses jambes les premières, se proposant de se laisser glisser ensuite à terre. Mais il avait compté sans la largeur de ses épaules qui, se présentant à rebours cette fois-ci, essayaient vainement de se fondre en une masse cylindrique comme à leur entrée. Lui aussi, il était pris par le milieu du corps, sans pouvoir ni avancer ni rétrograder, agitant désespérément au dehors ses jambes dont toute culotte avait disparu, ce qui fait que les petites étoiles, avant de s'envoler dans l'azur, riaient comme des folles, de ce qu'elles voyaient. Fi! les indiscrètes!

Quel pas lourd traîne sur le chemin? Celui de maître Marcel, le voisin de Grégoire et le père d'Antoine. Justement un beau rayon de lune, débordant du toit, baigne la tonne animée au moment où il passe, revenant lui-même de quelque obscur guilledou. Ainsi aperçoit-il nettement, au sommet du foudre, le torse et les beaux yeux de Victorine, tandis que des jambes, les siennes certainement, s'agitent en bas et lui sautent jusqu'au menton. — Ah! fait-il comme s'il avait vu le diable, et il se sauve, cependant que le foudre, s'effondrant enfin en larges éclats, délivrait nos amoureux.

Le lendemain, c'est d'un ton tout à fait gouailleur qu'il demanda comme de coutume à Grégoire la main de Victorine pour son fils Antoine.

Et comme celui-ci faisait sa réponse accoutumée :

— Je le sais, ton fameux secret, lui dit-il.

— Hein? fit Grégoire très interloqué de son air.

Alors, se penchant à l'oreille de son voisin qui faillit mourir d'une attaque quand il eut parlé :

— Farceur! C'est que ta fille est un garçon!

BONNE FORTUNE

BONNE FORTUNE

I

Cette charmante tête ébouriffée, ébouriffée de cheveux changeants aux tons de cuivre jaune et rouge — avec quelques minces coulées d'argent cependant aujourd'hui, — ces yeux clairs semblant, tant ils sont constellés, deux larges gouttes d'eau-de-vie de Dantzig; ce joli nez en insurrection avec le front aux narines palpitantes comme des pétales de rose; cette bouche dont le carmin avait foncé peut-être, mais qu'un sourire jeune encore entr'ouvre sur d'admirables dents ; et puis cette tournure fière — un peu épaissie néanmoins, mais non pas dans les sens qui me déplaisent, — les mains si petites que des gants de poupée leur suffisent... C'était bien elle qui, dans le va-et-vient d'un trottoir du boulevard, s'avançait vers moi.

Et il y avait une bonne dizaine d'années que je ne l'avais vue et elle me rappelait ma seule bonne fortune de chroniqueur. Car celui qui croirait que j'ai abusé de mon état pour faire le don Juan se tromperait furieusement. On se fait des illusions comme ça sur les avantages de certains métiers. Les ténors, par exemple. Eh bien ! savez-vous ce que me disait, un jour, mon ami Sellier, à l'Opéra ? — « Mon médecin me recommande de ne le faire ni la veille, ni le jour, ni même le lendemain pour permettre à ma voix de se remettre. Alors si je chantais tous les trois jours !... » Et les acrobates, donc ! Ces gas admirables pour qui j'ai une vénération particulière parce que ce sont les seuls hommes de ce temps qui protestent contre la dégénérescence simiesque où descend notre race, les seuls qui nous forcent à nous souvenir des nobles plastiques originelles que symbolisaient Hercule et Apollon, vrais demi-dieux dans notre monde de rabougris, de gens mal foutus, ankylosés par le sédentarisme, avilis par la politique, déformés par la tyrannie des vêtements. Eh bien ! les acrobates, c'est comme les ténors. Ces hommes superbes qui mettent un frisson aux moelles des filles repues de vieux et des femmes du monde ayant encore quelque goût, sont tenus à des existences d'anachorètes. Essentiellement patriarcaux, chastes et sobres, ils donnent le modèle de toutes les vertus domestiques, et, toujours mariés, font juste ce qu'il faut d'enfants pour continuer leur état et pouvoir se livrer aux délices des jeux icariens. Autant de petits Catons sous le maillot. Vous pouvez m'en croire. Je les ai fréquentés beaucoup, ayant toujours préféré la société de ces paresseux héroïques qui travaillent douze heures par jour et risquent leur vie tous les soirs, à celle des gens de professions libérales qui panamisent et appètent du suffrage aux assemblées. Affaire de goût. Le kanguroo des Folies-Bergère était certainement un des êtres les plus exquis que j'aie connus.

Me le suis-je assez entendu dire à moi-même : — « Ah ! ah ! mon gaillard ! Toutes ces jolies personnes qui vous écrivent, après vos articles sur l'amour, et à qui vous répondez ! Devez-vous en user des douzaines de mouchoirs, mon compère, dans cet immense sérail qu'est, pour vous, Paris ! car il n'y manque pas d'aimables péronnelles qui s'enthousiasment à froid, par désœuvrement ou par curiosité, excellente pâture à bonnes fortunes et à aventures galantes. Niez donc qu'on ne vous ait pas donné des quantités de rendez-vous ! » Je ne nie pas. Mais que j'y sois allé, c'est autre chose. D'abord, justement parce que mes correspondantes ne m'ont jamais vu, je ne veux pas risquer de leur être une désillusion subite et l'objet d'un : « Ah ! mon Dieu ! » impertinent et mal retenu. Il y en a peut-être, dans le nombre, qui me croient svelte comme un cabri et chevelu comme un Mérovingien.

D'autant que quelques fumistes font, de temps en temps, des dettes sous mon nom et surtout demandent des places dans les théâtres. Ils me feraient un nouveau tort en étant beaux comme l'Antinoüs et me feraient peut-être aimer moi-même de contrefaçon amoureuse. Voyez-vous une dame qui s'écrie, en me regardant : « Non, monsieur, ce n'est pas vous ! »

Mais cette raison de m'abstenir n'est pas la seule. Je n'ai pas toujours été aussi prudent, et le premier essai que je fis de ces conquêtes anonymes dues à ma plume, essai dont la passante que je viens d'apercevoir venant de mon côté fut l'objet, ne fut pas pour augmenter mon audace dans la recherche de l'inconnu où l'on aime les littérateurs.

II

Ça avait pourtant joliment bien commencé. Un délicieux petit billet ployé en triangle qui sentait bon et contenait une feuille de rose m'avait averti, au journal où je commençai d'écrire des contes facétieux et galants, qu'on m'attendrait, le lendemain à quatre heures, en un fiacre de l'Urbaine stationnant le long de la grille de Saint-Augustin, à droite, et dont le store donnant sur le temple serait baissé. C'était un début pour moi dans la grande vie des hommes à succès, et je n'en dormis pas de la nuit. Je méditai une toilette de bon goût et le choix d'une cravate me préoccupa énormément.

J'y passai ma matinée pour tuer un temps qui me semblait avoir la vie terriblement dure. De deux à quatre surtout, mon impatience mesura la longueur d'une éternité. Et j'aimais à me la figurer, elle-même, se préparant aussi au rendez-vous, se faisant belle pour me plaire. Il y a le moment surtout où je me la représentais passant sa chemise qui me donna de véritables frissons. Et quand elle se pencha, toujours dans mon imagination, pour boutonner ses bottines, tendant la chemise presque transparente sur les reliefs charnels qu'exaspérait sa pose accroupie, — car, vous pensez bien que, comptant sur ma visite, elle avait donné campo à tout son domestique et se chaussait seule, — j'étais fou de ces visions appétissantes. Et l'heure approchait enfin ! L'horloge piquée devant la Madeleine annonçait quatre heures moins un quart. Je me ruai dans le boulevard Malesherbes.

Et la voiture était là déjà, m'attendant; et, me présentant du côté où le store était ouvert, je me glissai auprès d'une dame qui se tenait au fond et qui me prit la main avec un tremblement affectueux du meilleur augure. Je vous ai dit comment elle était, dans son épanouissement de jeunesse plus grand encore qu'aujourd'hui, tout à fait délicieuse sous sa voilette baissée, dans l'emmitouflage de sa pelisse, semblant toute frileuse subitement, en cette belle journée de printemps.

— « Où allons-nous? » lui demandai-je tout bas. Elle me répondit : « Dites-lui de tourner un peu autour de l'Église, sans s'en éloigner. » J'obéis et je fermai le second store. J'eus peur que ce ne fût une de ces sottes qui ne savent pas se donner et qui vous gâtent une immortelle joie par un torticolis ou un lombago. Car c'est ce que vous vaut invariablement l'immoralité dans les voitures publiques qui ne sont que des cabinets particuliers. La situation est toujours embarrassante. Car enfin, il serait mal poli d'avoir l'air le moins impatient des deux. Je fus donc enchanté de la résistance qu'elle opposa aux vœux immédiats que j'émettais d'assez mauvais cœur, n'aimant pas à manger mon blé en herbe, et encore moins en fiacre. Je compris qu'elle était comme moi et n'entendait pas galvauder l'infini à deux francs l'heure. Mais alors? Elle m'avait dit tout de suite qu'elle ne pouvait me recevoir chez elle et j'avais eu le bon goût de ne pas insister. Je proposai timidement un hôtel. Elle me fit encore la joie de refuser. Pouah ! la banalité, pour deux cœurs vraiment épris, du lit d'aventure où d'autres ont menti tout à l'heure, où tout profane ce renouveau de l'âme qui est en vous et vous fait impatient d'un jardin de lys pour couche et d'un vol de colombes pour horizon! Ainsi le pensé-je du moins aujourd'hui; mais je n'étais pas aussi difficile à vingt ans. Un grenier, ô luxueux Béranger, sybarite de la chanson! Mais un matelas de culs de bouteille ne m'eût pas fait peur. Maintenant j'aime mieux les bouteilles elles-mêmes. J'étais désespéré. Mais d'un mot qui avait commencé longuement en baiser, elle me consola et me rassura. — « J'ai une amie, me dit-elle, qui nous prêtera son appartement. Je n'ai pu encore la prévenir; mais venez demain à deux heures. » Et elle me donna une adresse dans le voisinage. Un instant après elle me déposait sur le trottoir, éperdument amoureux d'elle, ahuri d'espérance, titubant comme un ivrogne, me demandant si je pourrais vivre jusqu'au lendemain. Et je buvais autour de moi, dans l'air, le parfum qu'elle avait laissé dans mes vêtements.

III

Deux heures, non! Il n'était pas tout à fait deux heures. Il s'en fallait de quelques minutes. Mais ne m'avait-elle pas donné, pour excuse, l'exemple de l'impatience, la veille, en arrivant la première? Tant pis! je sonnai à la porte que la concierge m'avait indiquée. Elle s'ouvrit rapidement, et c'est devant elle que je me trouvai. — « Ah! c'est vous, enfin! » fit-elle. Un grand bonheur me prit de sentir que j'avais été attendu avec cette ardeur. Et elle ajouta, ce qui me troubla davantage : — « C'est Dieu qui vous envoie! » Je voulus la prendre dans mes bras et poser mes lèvres aux siennes. Mais, à ma grande surprise, elle me repoussa, en me disant : — « Venez! venez! » Je commençais à ne plus comprendre. Mais ce fut bien pis encore quand je compris. J'arrivais, non pas comme Mars, mais comme Hippocrate en carême. Cette amie qui nous devait fournir ses lares, eh bien! elle était prise depuis deux heures des douleurs de l'enfantement, et on avait fait partir tout le monde, dès le matin, et il lui avait été impossible, à elle, de la quitter, et il fallait aller chercher un médecin tout de suite! tout de suite! On m'attendait, non pas comme le Messie, mais comme Mercure, l'immortel messager, pour l'aller quérir incontinent. J'étais abasourdi. Un levain d'humanité, qui est en moi, ne me permit pas de filer à l'anglaise, comme aurait fait un homme plus avisé. Je me mis à la recherche d'un accoucheur. Mais il paraît que, neuf mois auparavant, la nuit avait été fructueuse, car tous étaient occupés. Un extrait du Bottin, rapidement crayonné par moi, à la main, je passai l'eau et finis par ramener un praticien qui bougonnait affreusement d'être dérangé. Mais mon supplice n'était pas fini. Ce goret d'enfant se présentait mal et il fallait un aide au chirurgien. Ainsi, moi qui ne peux voir une coupure à un doigt ou entendre un monsieur cracher sans en être incommodé, je fus initié, à mon corps défendant, à toutes les malpropretés de l'accouchement. Toujours mon levain d'humanité qui me clouait à ce malplaisant devoir! Ça dura tout le reste de la journée et je n'avais pas encore dîné à huit heures. — « A demain, mon ami! » me dit, avec une tendresse infinie dans la voix, celle que j'aimais. Je ne répondis pas. Mais je me jurai que ce bonheur n'aurait pas de lendemain et je me tins parole.

Donc elle était devant moi, venant à moi, dix ans après, toujours charmante et plus charmante peut-être de son embonpoint gracieux. Me reconnaissait-elle? Je n'en pus douter longtemps. Car elle vint à moi, la main tendue. Et c'est d'une voix câline qu'elle me dit, presque bas :

— Méchant ! pourquoi ne vous ai-je pas revu ?

J'aurais pu lui répondre : « Madame, c'est parce que ce n'était pas précisément pour accoucher votre amie que j'étais venu. » Je préférai lui répondre que j'avais été très souffrant de l'émotion que j'avais ressentie.

— Au fait ! c'est vrai, dit-elle. Vous ne deviez pas vous attendre à cela.

Et, tout à coup, tirant son mouchoir, elle se mit à rire comme une folle, en s'en tamponnant la bouche.

— Vous ne savez pas ? me dit-elle enfin, tandis que je la regardais fort interdit. On parle de l'influence du regard sur la femme enceinte. Eh bien ! si vous voyiez l'enfant de mon amie, cet enfant que vous avez aidé à mettre au jour...

— Quoi donc ?

— Mon cher, il vous ressemble comme deux gouttes d'eau.

Et ce fut la seule bonne fortune que me valurent mes contes facétieux et galants.

TABLE DES MATIÈRES

La veilleuse 1
Le bouquin. 13
Mauvais voyage. 23
Tentation 35
Casus pacis. 45
Oh ! Ernest ! 57
Le sacrifice 67
Saintes maximes 79
Un peu pour chacun. 89
Pets de nonnes. 99
Le Koutsi-Fakata. 111
Valentin 123
Conte toulousain 133
Le mistral 143
Le chapeau d'Anatole. 157
Perquisition 169
Le paratonnerre végét. 181
L'amour guéri. 193
Jovialités. 203
Aérostat 215

Ouyapapa. 225
Jamais de la vie ! 237
Angélus. 247
Les croisés.. 259
Ephéméride. 271
Le fiancé pétulant 281
L'avisé 293
L'amour des voyages 305
Le secret 315
Bonne fortune 325

ÉMILE COLIN — IMPRIMERIE DE LAGNY

www.ingramcontent.com/pod-product-compliance
Lightning Source LLC
LaVergne TN
LVHW020536230826
846091LV00002B/291

* 9 7 8 2 0 1 9 6 9 6 1 6 0 *